ルーマンの社会理論

馬場靖雄
BABA Yasuo

Niklas Luhmanns Theorie der Gesellschaft

keiso shobo

まえがき

本書の目的は、先年物故したドイツの社会学者ニクラス・ルーマン（Niklas Luhmann 1927―1998）の社会（システム）理論の核心部を提示することにある（「システム」を括弧に入れた理由については後述）。もちろん「核心部」というのは筆者から見ての話である。つまり本書がめざしているのは筆者がルーマンの議論をフォローするなかで最も知的刺激を受けたいくつかの論点を選択的に再構成・敷衍することのみであって、ルーマン理論の全体像を体系的に解明しようとするものではない。後者を目的とする著作も、すでにかなりの点数出版されている。邦訳もされているクニール／ナセヒの著作（Kneer/Nassehi［1993＝1995］）は、そのうちでも最も優れたものに数えてよいだろう。しかし筆者はこの種の概説本を読むたびに、隔靴掻痒の思いを強くしてきた。それらの本ではルーマンの議論のうちで最も魅力的であり、かつ論じにくい部分を切り捨てて、この理論を「通常科学」化し凡庸化してしまっているのではないか、と。ルーマンが用いている諸概念の内容が体系的に整理・紹介されるほど、「そういった議論なら他の理論家・思想家のなかにも見いだされうる。別にルーマンのような難解な言い回しで表現しなくてもいいのではないか」との疑念が生じてきてしまう（馬場［1997］を参照）。その種の整理・紹介は、ルーマンを無害化して神棚に祭り上げてしまう結果にしかならないのではないか。

そもそも考えてみればこの理論社会学の大家ほど、「敬して遠ざけられる」という表現にふさわしい人物はいなかったのではなかろうか。事実ルーマンは、かつての論敵ハーバーマスをはじめとして誰もが認める理論的生産力を誇りながら、少なくとも社会学の分野においては確固たる「ルーマン学派」を形成することなく終わってしまったように見える。(1) 日本でもルーマンは一時期大いに注目されたことがあり、「今後の社会学理論の展開はルーマン抜きにはありえない」とすらいわれていたものだ（佐藤／他［1993：475］）。だが現在では「社会理論のフロンティア」を形成しているのはむしろ、ピエール・ブルデューの理論やカルチュラル・スタディーズなどであろう。

これはある意味で無理からぬことである。ルーマンの著作に親しんだことのある者は多かれ少なかれ、めまいといらだちの感覚を味わったことがあるはずだ。「オートポイエーシス」に代表されるように、広範な学的諸分野から次々と新しい用語を取り入れて議論の範囲を拡大していく、そのスピード感からくるめまいの感覚。その一方で、むしろ明快かつ単純な文章で議論が展開されているにもかかわらず、いったい議論全体がどこに向かっているのかが、まったく理解できないといういらだち。特に後者はルーマンを読むうえで大きな障害になるはずだ。ルーマンは何のためにこの箇所にこんな論述を差し挟んだのか。この節の結論は何なのか。このような議論を展開する動機はいったい何なのか。要するに、ルーマンは結局のところ何がいいたいのか。これらが明らかにならないまま活字のみを追尾していっても、残るのは徒労感だけということになりかねない。

しかしこれは必ずしも欠点ないし欠陥を意味するわけではない。われわれは通常社会に関する理論というものを、使用目的が明記されているマニュアル付きの道具のごときものとして理解している。使用目的、すなわち理論家がその理論を構築した意図・動機を導きの糸として一通り道具（理論）のはたらきを理解したら、今度は自分なりの関心に沿ってその道具を別の分野に適用してみる。その際、道具本体のほうを適宜修正することも必要になってくる。というよりも、そのような修正を伴う適用なしには、理論を修得する意味などないのだ、云々。

ルーマンの社会（システム）理論はこの種の理論観とは、少なくとも完全には一致しない。というのはこの理論のうちには、「理論とは何か」というテーマをも自己の対象の一部として扱っている部分が含まれているからだ。である以上、論述の「意図」や「動機」を探りながらルーマンを読むという態度を取るのは、もちろん可能だとしてもそれがすべてではない、ということになる。むしろ理論と関心の関係を、あるいは「読む」という現象そのものを、ルーマン理論の側から再検討する必要が出てくるのである。しかもその再検討の試みが、いわゆる「方法論」や「メタ理論」としてではなく理論内容と同じレベルにおいて、すなわち実質的な現代社会論の一部として扱われているのが、ルーマン理論の新しさのひとつであろう。

だからといってルーマンによって、従来の社会理論とはまったく異なる新たな理論地平が開かれるはずだなどとは期待しないでいただきたい。そのような「パラダイム転換」のイメージは、むしろ旧来の「理論＝道具」観を前提として初めて成り立つものだろう。ルーマンがおこなってきたのはもっとささやかなこと、つまりは「違いを創り出す」ということであろう。スペンサー＝ブラウン流にいえば、それはすなわち「区別する」（draw a distinction）ということだし、さらにまた「違い」をグレゴリー・ベイトソンにならって「違いを生む違い」（a difference which makes a difference）と敷衍すれば（Bateson［1972＝1990：602］）、それはすなわち「情報」の定義であり、ルーマンがおこなっているのは要するに「情報を発信する」ことであるという、平凡きわまりない結論にもなる。

いずれにせよ保証できるのは、ルーマンを読むことによって読者のなかに何らかの「違い」が生じてくるだろう、ということだけである。その違いがいかなる意味をもつかは、当の違いそのものに即して検討されねばならない。少なくともその違いを、あらかじめ存在している自己同一的な基準（例えば、「よりよい分析枠組」、「新しい社会像」など）によって回収しようとするべきではないだろう。ルーマン自身、自分の立場を「差異理論的アプローチ（ein differenztheoretischer Ansatz）」と呼んだうえで、こう指摘している。「学がめざすのは……差異を差異へと変換することであり、したがって統一性は差異が誤認されたものとしてのみ扱われるべきである」（Luhmann［1987d：319＝1993：120］）。

さらに述べておくならばルーマンは随所で、情報はシステムに対して外から挿入されるのではなく、あくまでシステムの内部において構成されるということを強調している。したがって、情報の「送り手」（不正確な表現だが）があらかじめ情報の意味内容を、ましてやそれが及ぼす効果を、すなわちどんな「違い」を生ぜしめるかを、確定しておくことはできないのである。(2) 思い起こしてみればルーマンはシンポジウムの席などで、時には冷徹とも思えるほどの沈着な態度を崩さなかった。相手がどんなに意気込んで論争を仕掛けてきても、終始一貫マイペースで、自己の議論を展開し続けたのである。このような姿勢はしばしば「官僚的」などと揶揄されてきた。その態度を、実際に官僚出身であるという彼のキャリアと結びつけて論じる者すら見受けられた。しかし彼のこの姿勢は、キャリアよりもむしろ理論の内容そのものに由来していたように思われる。

以前あるフランス系の哲学者が、こんな発言をしていたのを読んだ記憶がある。解釈学やハーバーマスが想定しているような「他者」は、しょせん解釈共同体内部の存在でしかない。その他者の他者性とはせいぜい、「あなたの本はこんな読み方もできますね」と、「意外な」解釈を提起してくる可能性をもつ、ということである。本をまったく読まずにばらばらにちぎったり燃やしてしまったりするような相手は、ハーバーマスらにとっては有意味な他者ではありえないはずだ。あるいはそのような相手は理性的な他者ではなく、「理性の他者」である、と。一方、例えばドゥルーズのように差異と他者性を真に尊重する哲学者であれば、自分の本を燃やす相手に大喜びして、どんどんやってくれと促すはずである、云々。

ルーマンなら、自分の主著である『社会システム』(Luhmann［1994］)を燃やしてしまうような相手にどう接しただろうか。まさか大喜びはしなかっただろうが、そのかわり眉ひとつ動かさずに、「なぜ社会学者の著作は、社会のなかでそのような反応を引き起こす(反応しか引き起こさない)のか」

について、もう一本論文を書いたのではないだろうか。

そして同じことは、本書についてもいえる。本書ではルーマンの最初の公刊論文（Luhmann［1958］）以来四〇年にわたって展開されてきた議論のうちで、筆者が特に刺激的だと感じたいくつかの論点を取り上げて論じていくことになる。筆者のもくろみ通りにいけば、それらをフォローすることによって、ルーマン理論全体を貫く基本的な発想とでも呼べるものが浮き彫りにされてくるだろう。そしてそれを通して、本書では取り上げなかったルーマン理論の他の部分（例えば、コミュニケーション・メディア論や社会進化論、ゼマンティークSemantik論など）を理解するうえでも役立つ基本的な視角が確立できるはずである。しかしこれは、ルーマン理論のアウトラインの解説や要約をめざしているということを必ずしも意味しない。筆者がめざしているのもやはり「差異を差異へと変換する」こと、あるいは「違いを生む」ことだけである。もちろんそんなことはあらためて「めざす」ようなものではないのかもしれない。本書はすでに読者に対して、〈読む／読まない〉という違いを強いているからだ。ただ筆者としては、その違いからできるだけ豊かな違いが派生してくるように願うばかりである。とはいっても、筆者の側でそのような成果が生じるか否かを、というよりもそもそも何が「豊か」で何がそうでないのかを、確定しておくことはできないのであるが。

しかし残念なことに筆者はルーマンほど達観できていない。やはり本書が、焚き付けとしてよりは社会学の著作として扱われることを希望してはいる。

ルーマンの社会理論　目次

まえがき

第三章　機能分化

結　語　社会学的啓蒙

序論　ルーマン理論の展開と受容

1　ルーマン理論の諸段階

最初に、ルーマンのキャリアと理論展開の諸段階を簡単に振り返っておこう（本節）。そして後者と関連させつつ、わが国においてルーマンがどのように理解・受容されてきたか、またどのような批判が寄せられてきたかを概観する。そしてその批判を分類する作業を通して、本書の章構成を明示しておくことにしよう（次節）。

といっても、ルーマンに関する伝記的事実は、あまりわれわれの興味を引くものではない。少なくとも表面的には、それほど波乱のない学者としての人生を送ったかのように見える。

ルーマンがリューネブルクにて生を受けたのは一九二七年。一七歳で終戦を迎え、フライブルク大学で法学（特にローマ法）を学ぶ。リューネブルク上級裁判所およびニーダーザクセン州文化省勤務、シュパイヤー行政単科大学研究所などを経て（この間一九六〇—六一年にはハーバード大学に留学し、パーソンズのもとで学んでいる）、一九六八年よりビーレフェルト大学教授（社会学）。一九九三年の停年退官後も、一九九八年に逝去するまで精力的な執筆活動を続けている。[1]

問題はむしろ、理論展開上の時期区分である。本書では、最初の論文「行政学における機能概念」（Luhmann［1958］）以来晩年にいたるまでのルーマン理論の発展段階を、次の三期に区分する。

I　**初期：六〇年代から七〇年代半ばまで**

七〇年代はじめには、ルーマンの名前を（「テクノクラートのイデオローグ」とのレッテル付きで）高めることになった、ハーバーマスとの論争書（Habermas/Luhmann［1971＝1987］）が刊行されている。

この時期のキーワードは、「等価機能主義」「構造‐機能主義から機能‐構造主義へ」および「複雑性の縮減」である。

II　**中期＝移行期：七〇年代半ばから八〇年代前半まで**

「自己言及」（Selbstreferenz）概念が導入され、かつての中心概念だった「複雑性の縮減」は背景に退いていく。

III　**後期＝完成期：主著『社会システム』（Luhmann［1984］）刊行以降**

新たに「オートポイエーシス」概念が導入され（いわゆる「オートポイエティック・ターン」）、それを中心に諸概念が再編成される。そして、「社会の……」（…… der Gesellschaft）と題された一連の著作（シリーズとしては未完）によって機能システムごとに分析が試みられる。(2)

ただし次の点も確認しておきたい。われわれは、IIおよびIIIはIの変化・修正としてではなく、後者のうちに潜んでいた発想が新たな概念の助力を得て顕在化したものとして捉えうるとの仮定から出発する（序論第3節を参照）。

2　受容と批判

わが国におけるルーマンへの批判的言及も、ほぼこの三期に対応するかたちで分類できる。

＊

批判I——初期に対応

わが国にルーマンが紹介され始めた七〇年代においては、ルーマンはもっぱらパーソンズ流の社会システム理論の後継者・改革者であると見なされていた。パーソンズが分析の必要上社会システムの構造を所与のものと見なし、その枠内でのみ機能について論じていたのに対し、ルーマンは機能概念を拡張することによって構造そのものの機能についても問うことを可能にした。そして構造の機能とは、システムが複雑な世界のなかで存立しうるよう複雑性を縮減することにある、というようにである。

そして最初にルーマンに言及した論者たちの批判の大半も、この最後の論点に集中することになる。ルーマンは世界が複雑であるということから（不当にも）出発しており、その結果、現存のあらゆる制度はその複雑性を縮減するという機能を担っているのだから必要であり正当であるとの、きわめて保守的な結論を導き出してしまっている。これは制度（体制）維持を至上命令と考え、システムの論理を諸個人に押しつけようとする、「テクノクラートのイデオローグ」の発想そのものではないか、と。もちろんその背景となっていたのは、ハーバーマスによる批判であろう。

ルーマンを最も早い時期に体系的にわが国に紹介した青井秀夫も、この点を強く論難している。「こうした世界〔＝生活世界〕の外側にアモルフな別の外的世界を構想しシステムをそれの複雑性の把握・減少と捉えることは問題を孕むのではなかろうか」（青井［1977:238］。ただし〔　〕内は引用者、以下すべて同様）、と。

また山口節郎は、意味概念を中心として解釈学の側からルーマンを検討するという、八〇年代初頭当時としては画期的なアプローチを取っているが、やはり同様の批判をおこなっている(3)（山口［1982 : 217-271］）。

さらに最近の議論でも同趣旨の批判が反復されている。例えば今田高俊は「オートポイエティック・ターン」以降の展開も視野に入れつつルーマンを論じているが、批判の中心はやはり「複雑性の縮減」である。今田によればルーマンは、システムの論理を上から押しつけようとする「制御理論」であるはずの「複雑性の縮減」と、下からの「ゆらぎ」を重視するオートポイエーシスの議論を安易に接合してしまっているのである（今田［2000:38］）。

本書の第一章では、この問題が扱われる。はたしてルーマンは、それ自体として存在する「世界の複雑性」から、そして「複雑性の縮減」の必要性から、出発しているのだろうか。

批判II――橋爪大三郎の議論

本来なら中期に対応する批判をあげねばならないのだが、実際にはこの「移行期」のみを対象とするルーマン解釈・批判が特に存在するわけではない。しかし一九七〇年から八〇年ごろにかけてのルーマンの法に関する著作（特に、Luhmann［1972 = 1977］）を検討・批判した橋爪大三郎の議論はユニークかつ重要なので、あえて「批判II」として取り上げておきたい（橋爪［1985］）。

橋爪はルーマンの議論を、個人の予期から出発して、予期の予期、予期の予期の予期……という相互反射的な過程のなかで共同的なルールが形成されることを説明する「予期理論」であると把握する。ルーマンが『法社会学』（Luhmann［1972 = 1977］）の前半で試みたのは、「ひとびとの予期は、重層・集積して、法・規範に到達するであろうか？」（橋爪［1985:170］）との問題に、「予期の予期」および〈規範的予期／認知的予期〉の区別という道具立てによってイエスと答えることである、と。

そして橋爪はルーマンの論述を検討して、その試みが失敗していると主張する。そこから、ルールの存在それ自体のほうから個人レベルの事象を説明する「〈言語ゲーム〉論」を採用すべきだとの結論が導かれてくる。

橋爪のこの議論は、ルーマン解釈としては多大の問題を孕んでいる。ルーマンがめざしているのは予期から規範を導出することではなく、そのような導出が不可能であること、一見すると単純で自明なように見える規範の背後には予期の予期の予期……という複雑な事象が潜んでいること、規範はこの複雑で錯綜した事態の隠蔽・無視によってのみ可能になる（ように見える）ことだからである。

にもかかわらず橋爪の議論にあえて言及したのは、それが今日にいたるまでくり返されている、ルーマンのコミュニケーション概念に対する（誤解に基づく）批判の原型をなしているように思われるからである。ルーマンは、コミュニケーションが直面する原基的な不確定状態であるダブル・コンティンジェンシーがいかにして克服されるか、そもそもコミュニケーションがいかにして可能になるのか、コミュニケーションがいかにして間主観的に流通しうる意味を形成していくかを説明していないではないか、あるいは説明に失敗しているではないか、と（Miller［1987］、大澤［1994:76］、樫村［1998:100-101］）。先に言及した青井秀夫が、「〔コミュニケーション・〕メディアが機能する際の詳細なメカニック・作業様式・条件は不明瞭」だと述べているのも（青井［1977:243］）、この種の批判の先駆けとして捉えられよう。

本書第二章が扱うのはこの問題である。あらためて定式化しておこう。ルーマンはコミュニケーションからいかにして共同的な意味世界が立ち上がってくるかを、というよりもコミュニケーションの成立そのものを説明していない、もしくは説明に失敗しているのだろうか。そもそもルーマンのコミュニケーション論は、何を明らかにしようとしているのか。

批判Ⅲ――後期に対応

「オートポイエティック・ターン」以降のルーマンに対する批判は、もっぱら「システムの閉鎖性」をめぐる論点に集中しているように思われる。これは邦語文献においても英独などにおいても、共通に見られる傾向である。ルーマンによれば現代社会は法、経済、政治などの各領域ごとに機能分化したシステムよりなっている。各機能システムはオートポイエティックであり、すなわち自己の構成要素を自ら産出することによって成り立っており、それぞれが閉じられている。法は法的コミュニケーションだけから成立しており、そこに経済の観点を持ち込むことはできない、というようにである。

批判はこの結論に対して向けられる。現代社会は複雑さと流動性の度合いをますます強めつつあり、そこでは無数の異質な諸要素が複雑に絡みあうなかでさまざまな現象が生起している。もはや経済を政治から、政治を科学から、法を宗教から切り離して考えることはできない。その種の一面的考察は不十分で時代遅れになってしまっている。ルーマンの議論は社会のこの現状を無視して、専門家は自己の領域に閉じこもっていればいい、法律家に対してより広い社会常識や社会的コンテクストを考慮するように求めることなど無意味である、経済システムに環境問題に関わる倫理的観点を考慮するよう要求しても無駄であるなどと主張する結果になる。まさにこれは「テクノクラートのイデオローグ」の主張というものではないか。あるいはジャン＝ピエール・デュピュイにならって、それはむしろ原理主義的宗教の態度であるというべきかもしれない。ルーマンは法システムに法以外の観点が導入されることを、システムの自律性の侵犯であり許されないと見なしているが、これこそ非寛容な宗教の姿勢そのものだからだ（Dupuy［1988:67］）。これでは、複数のシステムが相互の関係を調整しつつ調和のとれた――昨今の言葉では「共生的」で「持続可能な」ということになるのだろうか――秩序を形成することなど不可能になってしまう。ルーマンは個々の機能システムの合理性を盲目的に擁護するだけで、それらの機能システムからなる複合体としての全体社会のレベルにおいて、合理的で調和のとれた秩序がいかにして形成・維持されるかという問題を無視しているではないか、したがって、山口節郎のこれまた先駆的な言葉を借りれば、ルーマンは「全体としての〈社会〉をそのシステム理論にとり込めないでいる」（山口［1982:251］）のではないか。

第三章はこの問題にあてられる。「機能分化したシステムの閉鎖性」を主張することは、専門家による専制を正当化することになるのだろうか。ルーマンがいう「システムの閉鎖性」とは、各システムが外部の事情を考慮することなく自らの論理にのみ従って盲目的に動いていくことを意味しているのだろうか。ルーマンは諸機能システムの複合体としての全体社会について論じるのを怠っているのだろうか。

筆者のもくろみ通りにいけば、これらの論点を扱うことによって、ルーマンの錯綜した議論の根底に潜んでいる根本的発想を浮かびあがらせることができるはずである。その発想をとりあえず、「社会的なもののうちに不可避的に孕まれている偶発性と事実性への注目」と定式化しておくこともできるかもしれない。

＊

3　社会「システム」理論？

本書冒頭で、ここで扱うのはルーマンの社会（システム）理論であると述べておいた。「システム」を括弧に入れたのは、本書ではルーマンの議論を「一般システム理論」の特殊事例としての「社会システム理論」としては扱わないという意味である。確かにルーマンは生涯を通して他分野（特に生物学）において形成されたシステム理論の知見を参照し、その最新の成果を自己の理論に取り入れ続けてきた。だからこそ「複雑性の縮減」に関しても「オートポイエーシス」に対しても、ルーマンは生物学由来の概念を無批判に社会学に持ち込んでしまっているという趣旨の批判がくり返し投げかけられてきたわけだ（Lipp［1987］など）。しかしこの「輸入」は、他の分野において確立された概念や命題を社会現象に機械的に適用するといったかたちにおいてではなく、ルーマン自身が練り上げてきた発想をよりエレガントに表現するためにのみなされているにすぎないように思われる。

むろんルーマンの議論と、生物学におけるオートポイエーシス概念との異同を検討したり、またルーマンによってオートポイエーシス理論に新たな知見が付加される可能性の有無について論じたりするのは、有益な作業である。しかしルーマンの議論それ自体を理解するためにオートポイエーシス概念をまず正確に理解する必要があるということにはならない。ルーマンが、生物学において有用であることが証明されたオートポイエーシス概念に基づいて（その概念が妥当であるとの前提のうえで）議論を展開しているというわけではないからだ。ルーマンの議論とオートポイエーシス概念との関係は、『資本論』とヘーゲルの『論理学』との関係になぞらえることができるかもしれない。前者が後者を踏まえており、後者をマスターすれば前者の理解がいっそう深まるのは事実だろう。しかし『資本論』をそれ自体として研究することももちろん可能なはずである。

本書でも第一章から「システム」という言葉が用いられている。しかしそれはそう呼ばれる必然性が存在しない文脈において、すなわち区別の一項としてのみ登場してくるにすぎない。極端な言い方をすれば、そこで「システム」という言葉が用いられているのは偶然にすぎない。別の概念から出発することもできるのである。端緒は恣意的であってもかまわない。ただしそれは、どこから始めてどの方向に進んでも、何をしてもよいということではない。というのは

> 理論構築が進展するにつれて、端緒の恣意性からもまた、恣意性が奪われていく。ヘーゲルの体系においてと同様に、である。かくして自身を担う構築物が成立する。それは《システム理論》と呼ばれる必要はないかもしれない。（Luhmann［1984:11］）

ただし複雑かつ普遍的な理論を構築しようとすれば、例えばシステム理論における機能概念に相当するものを用意しなければならず、結局のところその理論は、システム理論に近づいていくのであるが。

したがってまた本書では、一箇所（第三章第2節）を除いては、オートポイエーシス概念を明示的に取り上げることもしていない。その箇所においても、論じられているのはオートポイエーシスそのものというより「閉鎖性」の問題なのである。ルーマンにおけるオートポイエーシス概念と他分野におけるそれとの比較といった作業は、今後の課題として留保しておきたい。あるいは他分野に詳しい読者にその種の仕事を引き受けていただければ幸いである。

以上の点を確認したうえで、本論に入っていくことにしよう。

第一章　複雑性

1　システムと環境、あるいは端緒の不在

早い時期にルーマンに言及し批判を試みた研究者の一人である山口節郎は、次のように論じている。

意味の間主観的構成は、それを遡及していけばどこかで〈潜在性〉というそれ以上遡れないものの……に遭遇する。しかしルーマンは、始めるべきところで始めるべく遡ったところで、〈潜在性〉の還元不可能性に到達するのではない。〈反省〉という作業を放棄したうえで、〈潜在性〉の事実性に居直るのである。（山口［1982:246］）

システム形成一般の意味を問いうるためには、その意味が帰属化されるべきより包括的な規制図式……の存在を必要とする。ルーマンにおいてはそれは「世界の複雑性の縮減」であった。（山口［1982:250］）

ルーマンは、世界は事実として複雑であり、いかなるシステムにとってもその複雑性を縮減する必要があるという、それ自体検討され根拠づけられねばならないはずの命題から、（不当にも）議論を始めている、というわけである。われわれもこの問題から「始める」ことにしよう。

まず、きわめて一般的なかたちで問題を定式化しよう。社会について論じようとするとき、われわれは何から始めるべきなのだろうか。周知のように伝統的な社会理論においてはこの問いは、（出発点となるのは）「個人か社会か」というかたちで取り扱われてきた。この問題設定がそれほど有益なものではない、というよりもかなり不毛であるという点については、今日ではほとんどコンセンサスが成立しているといっていいだろう。個人でも社会でもなく、両者の根底にある第三のもの（例えば、言語）から出発すべきだという議論も含めて、である。

にもかかわらずわれわれは、日常生活においてもアカデミックな議論においても、しばしば無意識のうちにこの設定に依拠してしまっている。[1]だとすれば「不毛」だというのはいかなる意味においてなのだろうか。ここでは以下のように解釈しておきたい。

〈個人／社会〉という区別が現になされており、それが後続する議論の前提として用いられ続けている限り、この区別とそれに基づく問題設定は有効である。しかし区別を構成する個々の項目、すなわち個人と社会をそれぞれ取り出してきた場合には、それらを出発点とする議論の信憑性はたちまち失われてしまう。「分解と再構成の能力が昂じて危機的状態にまでいたりうるようになった、今日の科学」(Luhmann [1990a:266]) をもってすれば、個人であろうが社会であろうが、一見すると自明に思われるものをさらなる諸要素へと分解したり、他の要素と結びつけて相対化することなど、いともたやすいからだ。

例えば下條信輔は心理学と認知科学の最新の成果を駆使して、一九世紀以来自明視されてきた「自由な個人」とそれを前提とする「責任」の概念に疑念を投げかけている (下條 [1996:261-301])。しかしこの議論を、「自由な個人」という仮象の根底にある、確固とした現実への遡行であると考えてはならない。われわれはフッサールに立ち返って、この種の心理学的研究が忘却している超越論的次元について、すなわち客観的諸科学が判断中止の対象となるべきだという点について論じることもできる (Husserl [1954a = 1995:347-484])。心理学的解明こそが仮象に依拠している、というわけだ。そしてさらに社会システム論の立場から、現象学を「偶発性を構成する技術」として記述することも可能である (Luhmann [1975a:130 = 1986:191])。そしてハーバーマスらにとってはルーマンの社会システム論は、テクノクラート的な現状維持への関心との関連で説明され批判されるべき対象なのである。かくして「遡行」は、少なくとも可能性としては、無限に続いていく。これはもはや遡行というよりも、相対化の連鎖——おそらくは、円環——と見なすべきだろう。(2)

このような事態のなかでわれわれは、まずはある区別を選び取ることから始めねばならない〈個人／社会〉の区別はその一例である)。どの区別を、とここで問うてはならないだろう。この問いに対して一定の解答を与えようとするとき、すでにその解答の正しさを判別するための前提となる別の区別が選び取られてしまっているからだ。われわれは端的にある区別から始めねばならない。というよりも、自己の議論が(こう述べる、この議論も含めて)、どの区別によってすでに始まってしまっているかを、想起しなければならないのである。

ルーマンは、その主著の実質的部分をこう書き起こしている。「以下の考察は、システムが存在するということ(daß es Systeme gibt)から出発する。したがって、認識論的疑いから始めるのではない。システム理論は《単に分析的な意味》しかもたないなどという立場に後退しはしないのである」(Luhmann [1984:30])。この一節は、ルーマンが「システム実在論」を採っている証拠として、批判者によってしばしば引用されてきた。ルーマンはシステムをすでにそこにあるものとして前提としてしまっており、それが人間の行為によって生成されるプロセスをまったく無視している、と(Schmid [1987:34])。しかしルーマンが「システムが存在する」というときに意味されているのは、システムが環境から区切られているということだけである。われわれが論じようとしているのは、「世界」としか呼びようのない茫漠たるものではなく、周囲から区切られたものである、と。すなわちルーマンの出発点は、〈システム／環境〉という区別なのである。

そしてこの区別は「存在する」。すなわち、「単に分析的な」ものではない。それは観察者が対象を認識するために任意に書き込んだものではなく、事態そのものとして成立しているのである。もちろんこの選択そのものを正当化することはできない。しかし〈システム／環境〉の区別は「単に分析的な」ものではなく実在するという選択には、ひとつのメリットがある。「単に分析的である」、つまりシステムの境界は観察者が観察・分析するという目的のために便宜上書き込んだものであるという立場を取れば、システムとそれを書き込む観察者のあいだには超えがたいレベルの差異がある、ということになる。少なくともシステムとは別に、システムを設定する観察者の概念枠組、認識関心などについて問わねばならなくなるはずである。これはすなわち、〈システム／環境〉の区別よりも「以前」ないし「根源」のところに別の区別が引かれてしまっているということである。

一方、対象の側にシステムと環境の線が引かれている、あるいはわれわれが見いだすものは常に-すでに環境から区切られたシステムであると考えるならば、その対象を見いだす観察者をもひとつのシステムとして捉える可能性が開けてくる。認識論的な問題、つまり観察者と対象の関係を、〈システム／環境〉関係の特殊ケースとして扱いうる。逆説的ながら、システムを実在的なものとして取り扱うという「物象化」に呪縛されたように見える立場は、迂回路を経て、自己を相対化する可能性を与えてくれるのである(3)。

それゆえにわれわれは、〈システム／環境〉の差異を出発点に取る。しかし同時に、他の区別を用いて記述をおこなうことによって、いつでもこの端緒の背後に遡りうるという点をも確認しておかねばならない。だがこれは、端緒が偽りのものであることを意味するわけではない。現に〈システム／環境〉の区別が議論の出発点として用いられており、論述がそれに接続するかたちで積み重ねられていくならば、この区別はまさに端緒として働いているのである。したがってその論述の接続を逆にたどりなおした場合、問題の区別＝端緒は、ウィトゲンシュタインがいう「連鎖の最後にくる説明」として現われてくることになる。ただしこの「最後の」の意味は、あくまで事実的である。

「〈最後の説明〉なんてものはない」と言うなかれ。そう言うことは、まさに「この街路には最後の家なんてものはない。いつでも新しい家を建て増すことができるのだから」と言いたがっているようなものなのだから。（Wittgenstein［1953＝1976:37］）

したがって、「最後の根拠は、常に最後から二番目の（vorletzt）根拠でしかないのである」（Luhmann［1993a:406］）。

この事態を、サイバネティクス学者ハインツ・フォン＝フェルスター由来の概念を用いて表現することもできる。すなわち、端緒とは「固有値」（Eigenwert）である。システムの諸作動が回帰的ネットワークを形成するなかで一時的に安定した状態が達成され、それが以後の作動の出発点として用いられるようになったとき、その状態を固有値と呼ぶ。例えば学システムにおいて「公理」や

「データ」は通常の場合、議論の出発点として扱われる。しかしそれは公理などが内因的価値をもっているからではなく、事実として後続する学的議論の前提として扱われている限りのことである。逆にそうである限りそれらは学システムの固有値であり続けることになる(4)（Luhmann［1990a:418］）。それゆえに、再度ウィトゲンシュタインを引用すれば、

「それならば論理学も経験科学のひとつである」と言うひとがあれば、それは誤りである。ただし次のことは正しい。同じ命題が、あるときは経験的にテストされるべき命題として、別のときにはテストの規則として取り扱われてよいのである。（Wittgenstein［1969 = 1975:82］）

後者の場合、その命題は固有値として扱われていることになる。

固有値は、そこから始めねばならないという意味では端緒であると同時に、いつでもさらに遡りうるという点では絶対的な固定点ではない。しかし、遡るためには何らかの端緒から始めねばならないということ自体は「絶対的」である。

ルーマンは、スペンサー＝ブラウンの算法が「区別せよ」（Draw a distinction !）という指令（Weisung）から始められていることに関して、次のように論じている。まずそこから始め、それ以外のことはとりあえず考えなくてもよい。この意味で、算法の端緒は指令の実行として生じる。だが、誰がその指令を与えたのかという問いが、直ちに生じてくるのである。より詳しく述べるならば、形式の

算法を展開しようとするなら、区別から始めねばならない。少なくとも、算法を展開しようとする人は、自分の活動（Tätigkeit）をそう記述しなければならない。その限りで、算法は匿名化された描き手（Autor）と共に始まっている。だがこのように述べるとき、描き手がそれ（区別から始めること）をするかしないかを区別しうるということが含意されているはずである。したがってさらに、誰がその区別を強いるのかと問わねばならなくなる。このように、描き手について問うとき、すでに区別が前提とされているのである。すでに区別から始めた後で、「なぜこうであって他ではないのか？」との問いが生じてくるわけだ。スペンサー＝ブラウンの算法は始源において、区別されえない区別を要求する。まず区別が設定されて初めて、その区別が区別されうるようになるのである。その意味で、あらゆる合理化は後付けの合理化（Postrationalisierung）である（Luhmann［1990b:79］）。最後の一文は、「最後の根拠は、最後から二番目の根拠である」と同じ意味に解してよいだろう。

2　複雑性の縮減

われわれが扱うのは、環境とは異なるものとしてのシステムである。環境とシステムのこの差異は、複雑性の縮減によって成立する。システム内部の複雑性は環境のそれよりも小さい、というわけだ。この「複雑性の縮減」こそ、初期から晩年にいたるまでのルーマン理論を批判する論者が必ずといっていいほど言及してきた論点である。その代表格は、もちろんハーバーマスである。

ハーバーマスによればルーマンはサイバネティクスに由来する、本来操作的に定義されるべき「複雑性の縮減」の概念を、文化に媒介された同一性を有する社会システムの領域に無批判に適用してしまっている。社会システムの場合、例えばある制度が世界の過剰な複雑性を首尾よく縮減して、その制度が属する社会システムの存続に貢献しえているかを判定しようとしても、うまくいかない。当の制度の同定も、「存続」しているか否かの識別も、さらには社会システムにとっての「世界の複雑性」の認識も、文化による媒介抜きには不可能だからだ。ルーマンはこの相違を無視して強引に「複雑性の縮減」概念を社会システム理論に導入しようとした結果、現存する制度はすべて複雑性を縮減しているのだからすなわち合理的であるという、きわめて保守主義的なバイアスを理論のうちに持ち込んでしまっているのである (Habermas/Luhmann [1971:146-170 = 1987:187-217])。

この批判は、「オートポイエティック・ターン」以降のルーマンに対してしばしば投げかけられる、「ルーマンは自然科学由来の概念であるオートポイエーシスを、短絡的に社会へと適用している」との批判の先駆をなすものだといえるかもしれない。しかしここにおいても、前節で「〈システム／環境〉の差異は分析的である」との解釈に関して指摘したのと同様な錯誤が生じているといわざるをえない。すなわち、〈システム／環境〉の差異を、それに先立つ何ものか (ここでは、複雑性) に依拠しつつ論じようとしているのである。複雑性という客観的に成立している事態から出発すれば、システムと環境の差異を定義し説明したり、システムが環境の複雑性に抗して維持している現在の秩序を根拠づけることができる、それがルーマンの議論の趣旨である、と。(5)

このような解釈が正しいかどうかを検討するために、複雑性に関するルーマンの論述をフォローしておこう。

3　複雑性の概念史

複雑性概念も、他のさまざまな学的概念と同様に、ゼマンティーク（Semanthik）のひとつであり[6]、社会の進化のなかで変化しつつ、逆に社会の進化の道筋に影響を及ぼしていく。最初にルーマンに依拠して、中世以来のその足跡をたどっておく（Luhmann［1990b:59-62］）。

一般にある概念の内容を明確にするためには、当の概念自体だけでなく反対概念として何が用いられているかにも注目しなければならない。言葉としての概念自体が続けて用いられているとしても、対のかたちで用いられる反対概念のほうが変化しているならば、それはもはや以前とは同一内容であるとはいえなくなるからだ。

一例として、「自然」（Natur＝本性）概念を取り上げてみよう。中世神学においては「自然」の反対概念は「恩寵」（Gnade）であった。神の恩寵は自然的存在としての人間を補完するかたちで救いをもたらすのか、それとも自然を排して恩寵のみ（sola gratia）を求めるべきかというペラギウス説とアウグスティヌス説の争いに由来する論争は[7]、一六世紀においてもカトリック神学とルターのあいだで反復されており、そこから、〈自然／恩寵〉というこの区別がまだ自明視されていたということを読みとりうる。さらに、よく知られているように、ジャンセニストとしてのパスカルは、同じ図式を踏まえつつ、明白に恩寵を重視する側にたっていた。「もしあなたが神に結ばれるとしたら、これは恩恵によるのであって、本性によるのではない」（Pascal［1897＝1966:231］）。

一八世紀に入ると、自然をめぐる対概念セットに変化が生じる。ルソーに典型的に見られるように、〈自然／文明〉（Natur/Zivilisation）という対立へと移行したのである。人間は原初の自然状態のなかでは幸福に暮らしていたのに、文明を築き上げるとともにしだいに堕落し、ついには現在のような不条理な社会のなかで苦しむようになってしまった、というわけだ。もちろんそのような原初的な「自然」状態は、機能的に分出し閉じられた諸システムからなる近代社会が成立してしまった時点のほうから、遡及的に見いだされたものにすぎないのだが。その意味で、この種の「自然概念が象徴しているのは、もはや本質形態の完全性ではなく、分出なのである」（Luhmann［1983:139］。「自然状態」に関しては、次章で再度言及する）。そしてこの対概念セットは、近代社会の分化様式そのものに由来しているがゆえに、優劣関係の逆転を伴いつつ、今日にいたるまで用いられ続けている(8)。近年あちこちで見られるように、環境問題の深刻化を背景として「自然から乖離した近代文明を変革して、自然との共生可能な社会へ」との主張がなされる場合でも(9)、用いられている対概念セットはやはり同一のままである。

それと平行して一九世紀には、〈自然／精神〉（Natur/Geist）というセットが浮上してくる。一九世紀後半に登場した新カント派哲学以来現在にいたるまで、自然科学と精神科学（人文科学）は同一の方法に基づくべきか否か、あるいは両者の関係はいかにあるべきなのかに関する論争が延々と続けられているのである。[10]あるいは今日においてグレゴリー・ベイトソンが、精神と自然は不可分の統一体をなすと語るとき（Bateson[1979＝1982]）、やはり同じ区別が前提とされていることがわかる。いずれにせよ、どのような区別のなかで用いられているかによって、「自然」という概念の含意は異なってくるのである。

これに対して複雑性概念の場合、反対項は常に「単純性」であったと、とりあえずはいえる。しかし〈複雑性／単純性〉という両項目の関係に関する観念は、やはり歴史のなかで何度か大きく変化している。中世までは、世界それ自体の人知を超えた複雑さが常に驚嘆の対象として語られてきた。だが「この驚嘆は、世界の複雑性に対する反対概念というかたちで、神を単純なものとして考えうるということに依拠していたのである」（Luhmann［1990b:59］）。神こそがあらゆる複雑性を産出する「動かずに動かす者」（the unmoving mover）であり、世界の複雑性はこの一にして全なる神の自己展開として把握されていた。したがって、出発点はあくまで統一性＝単純性のほうであった。「端的に単一的な存在としての神は、世界のすべての多数性に先立ってその上に存在し、すべての特殊存在の源泉にして目標である」（Gierke［1954＝1985:46］）というわけだ。そしてこの前提から、人類は、その見かけのうえでの多様性にもかかわらず、「一つの単一的かつ自己内結束的な『民』（Volk）」であり、「単一の外的法秩序（lex）および単一的統治（unicus principatus）を必要とする」という政治的結論が導かれることになる（Gierke［1954＝1985:47］）。

だが単純性から出発するこのような政治思想は、複雑さを増してゆく社会的現実に直面して破綻せざるをえなくなる。とりわけ致命的な打撃を与えたのは、一六―一七世紀に生じた宗教戦争であった。以後、単純性と複雑性の位置はしだいに逆転していく。

一八世紀に登場した、カントに代表される超越論哲学においてこの逆転が完了する。そこでは今までとは逆に、世界（物自体）は直接には把握できないほど複雑であるということが、すべての前提となるにいたる。もはや単純なものから出発できはしない。むしろ、「単純なものの概念は、理性にとって必然的ではあるが、純粋に否定的な概念となった」（Luhmann［1990b:60］）。単純なものは、人間の理性が認識の必要上構成した一種の必然的虚構に他ならない、というわけである。[11]

だが話はここで終わらない。現在では事態はさらに「進んで」いる。現代における複雑性概念の特徴は、反対項であるはずの単純性そのものが消滅しつつあるということのうちに求められねばならないのである。あらゆる学において対象を分析し再構成する能力が飛躍的に増大した結果、ある研究を構想する際に単純な要素として扱われるものは、単に一時的にそれ以上分解できないと見なされているにすぎないと考えねばならなくなった。今仮に単純であると想定されているものも、それ自体を取り出してみればやはり複雑なのである。

例えば、個々の人間が抱いている価値についての観念を単純であると仮定し、それらの集計からいかにして社会的に承認されている複雑な価値秩序とそれに基づく社会制度が成立しうるのか、というように問題をたてることももちろん可能である。だが、個人が単純であり社会が複雑であるというこの想定自体は、「前社会学的な、イデオロギーに影響された個人主義のしるし」（Luhmann［1968 = 1990:277］）に他ならない。逆に個人こそが、単純な社会的メカニズムが産み出す複雑な「効果」なのだと論じることも同様に可能なのである(12)。

こうして、複雑なものの反対項もまた複雑であるということになってしまった。ルーマンはこのような状態におかれた複雑性概念を「支えのない複雑性」（haltlose Komplexität）と呼んでいる。もはや単純→複雑でも複雑→単純でもなく、複雑→複雑→複雑……である、というわけだ(13)。だからこそ本章第1節で述べたように任意の項目を出発点として扱いうるし、また同時にそれを他のディシプリンによって相対化することもできるのである。

しかしだとすれば、今日では複雑性は概念としての特質そのものを喪失してしまっているといわねばならないのではないか。単なる「モノ」（Ding）の場合、他のあらゆるものから区別されていればそれでよい。それに対して概念のほうは、常に特定のことがらから区別されていなければならないのである（Luhmann［1990b:23］）。あらゆることが複雑であるとすれば、ことさら何かを複雑であると述べてみたところで、意味はないだろう。

4 形式としての複雑性

そこでルーマンが提唱するのは、複雑性を特定の対象がそれ自体として有している属性としてではなく、対象の観察において普遍的に用いられる図式としての区別だと捉えることである。

例えば「合法」という概念は、合法的な行為には適用できるが不法な行為には適用できないという、反対項による限定なしには意味をなさない。だが〈合法／不法〉という区別の図式は、二項目だけで完結しており、「第三項」を必要としない（あるいは、その存在を許さない）がゆえに（例えば、〈合法／不法／不真面目〉といった組み合わせはまったく意味をなさないだろう）、いかなる行為を――あるいは、自然現象をすら――観察する場合でも普遍的に用いられうるのである。[14] この意味で、〈合法／不法〉という区別は「閉じられている」といってもいいだろう。ルーマンは、対象を観察・記述する際に用いられる普遍的で閉じられた区別を、スペンサー＝ブラウンにならって（Spencer-Brown [1969＝1987]）、「形式」と呼んでいる。近年の著作から、定義的論述を引いておこう。

形式とは何か。形式は、私が現に見ているものと、その外にあるもの、それに属さないものとの区別である。形式は本来、ある形象（Gestalt）を通しての区別である。その形象を私が見ることができるのは、その形象を私が区別しうる場合のみである。（Luhmann［1997b:186］）

以上の形式概念に従うならば、複雑性とはある対象がもつ（そして他の対象はもっていない）属性ではなく、あらゆる対象を観察するために用いられうるさまざまな形式のうちのひとつなのだ、ということになる。

ルーマンによれば、複雑性について語られるとき前提とされているのは、〈諸要素が完全に関係づけ可能／選択的にのみ関係づけ可能〉という区別である。あるシステムに含まれる要素の数が増大するにつれて、それらのあいだに成立しうる関係の数は飛躍的に増大する。したがってそれらのすべてを同時に（完全に）実現することはもはや不可能になる。このように要素間の関係を選択的に実現しなければならなくなったシステムを、われわれは「複雑である」という。ルーマン自身の言葉で定義しておこう。

相互に関連する諸要素の集合（Menge）において、それらの要素に内在する結合能力の限界ゆえに、あらゆる要素がいつでも他のあらゆる要素と関係することができなくなったとき、その集合を複雑であるというのである。（Luhmann［1984:46］）

〈完全な／選択的な〉という区別を用いて対象を記述したとき、その対象が「複雑な」ものとして登場してくる、というわけだ。システムを形成する諸関係が特定の選択様式に基づいているがゆえに、もはや個々の要素の特質や挙動を集計することによってはシステム全体の性質を導き出せなくなっている。そのようなシステムが複雑なのである。社会学者になじみ深い言葉を使って、こう述べてもいいだろう。複雑なシステムにおいては、選択的関係づけの様式を考慮せずに、個々の要素の観察から、システム総体レベルの性質である「創発特性」を導き出すことはできない、と。創発特性「……は〔諸要素を〕関係づけるシステムに、最終的にはその関係づけが選択的に生じるということに、帰せられねばならない」(Luhmann［1990b:71］)のだから[15]。

このように考えるならば、〔複雑性という〕この概念が指し示しているのはもはや対象(あるいは、対象の種類)ではないということは明らかである。むしろそれが意味しているのは、特定の区別を用いてなされる対象の記述〔の方法〕のことなのである。(Luhmann［1990b:62］)

5　世界の複雑性

しかし、このように複雑性を対象の性質としてではなく、観察・記述の形式として把握しなおしたとしても、それでいったい何が変わるというのだろうか。システムの能力(実現しうる関係の数)は限られており、環境からの過剰な圧力にさらされているがゆえに、負担免除の手だてが必要になるという論法は貫徹されているのではないか。ルーマンはやはり、環境の複雑さとシステムの脆弱さから出発して、システムと環境の差異、すなわちシステム内において負担免除のために設定される(環境にはない)布置を説明しようとしているのではないか。

しかしルーマンに従えば、複雑性(の縮減)について語る際の前提となる〈完全な／選択的な〉

ということの区別は、あらゆる形式がそうであるように、対のかたちでしか用いることができない。まず諸要素のあいだの完全な関係づけの可能性総体を確定して、それとの比較において現存の関係の選択性について語るというように、一方の項目それ自体から出発して他方へと進んでいくわけにはいかないのである。というのは、完全な関係づけは不完全な関係づけの否定を通してしか語りえないからだ。あるいは、完全な関係づけは、不完全な関係がそこから選択されてくる出所（Woraus）である、といってもいいだろう。ある関係づけの様式をポジティブに確定・規定したとたん、その関係の布置（あるいは、その一部）と機能的に等価な他の可能性が視野に入ってくることになる。現在はこの関係づけが実現しているが、あの関係づけでもよかったはずだ、と。規定された関係の布置は、他のあらゆる可能性の否定を伴わざるをえないのであり、その意味で選択の結果と見なされる他はない。規定は「諾（Ja）よりも多くの否（Nein）を産出する」（Luhmann [1971:39]）。完全な関係づけは、この「否」を通してのみ現われてくるのである。

仮に「完全な関係づけ」が、「否」を通してではなくそれ自体として、ポジティブに規定されうるとしよう。そのときには、ルーマンへの批判者たちが想定しているように、この事態とシステムの情報処理および挙動能力（の乏しさ）とを比較して、両者のギャップのゆえに複雑性の縮減が必要となり、その結果としてシステムと環境の差異が成立すると、すなわち〈システム／環境〉の差異よりも複雑性の縮減のほうが先行すると、主張できることになる。しかしそのときこの完全な関係づけの総体そのものは、もはや複雑ではありえないはずである。この総体はいかなる選択性ももたないがゆえに、諸要素とその間に成立する個別的関係の集計からは導き出せない特質（創発特性）をもちえないのである。それは、清水博の用語に従えば、「こみいった」（complicated）ものではありえても、「複雑な」（complex）ものではありえない（清水［1992:12］）。その総体を複雑なものとして記述するためには、総体がそこから選択されるさらに完全な（？）関係づけを想定しなければならない。さもなければ、当の総体を〈完全な／選択的な〉という区別を用いて観察・記述することはできないではないか。

このように、完全な関係づけをポジティブに規定しうるとの議論からは、複雑でないもの（完全な関係づけ）から選択された事態（選択的な関係づけ）が複雑であるという、奇妙な結論が導かれることになる。したがって、それ自体として存在する「完全な関係づけ」を出発点に取ることはできない。確かに完全な関係づけというものが不完全な関係がそこから選択されてくる出所である以上、前者は後者に先行するように見える。にもかかわらず完全な関係づけは、そこから出発しうるような確固たる事態ではなく、むしろあるものを選択的だと見なすことそのものによって（正確には、〈完全な／選択的な〉という区別を投入することによって、すなわち「複雑性」について語ることによって）構成されるのだと考えねばならないのである。(16)

一見したところ、〈完全な／選択的な〉という区別を、そのまま「複雑性の縮減」に重ね合わせることができるように思われるかもしれない。完全な関係づけは、縮減される以前に環境の側にあらかじめ存在している過剰な複雑性を形成する。システムは自己を維持するために、その圧力に抗して特定の関係づけ様式を選択しなければならない。かくして環境の側では完全な関係づけが成立しているのに対して、システム内部では選択された特定の関係づけのみが生じうる。これが複雑性の縮減である、と。

しかし以上の議論を踏まえるならば、次のように理解しなければならなくなるはずである。〈選択的な／完全な〉というこの区別を、〈単純なシステム／「複雑な」環境〉という区別（後者のノイズから前者の秩序が形成される云々）と等置してはならない。環境においてその諸要素のあいだに「すべてとすべて」の完全な関係が成り立つとしたら、それはもはや「複雑」ではありえない。そこに存在するのはむしろ絶対的な秩序か絶対的なカオスでしかなく、システムが秩序を形成する契機となる、意味をもった出来事である「ノイズ」など生じえないのである(17)（Luhmann［1975b:211 = 1982:236］）。

環境に関してもまた、〈選択的な／完全な〉というこの区別を用いた観察がおこなわれねばならない。したがって、システムと環境のそれぞれについて、〈選択的な／完全な〉関係づけを考えねばならないことになる。ハーバーマスとの論争書（Habermas/Luhmann［1971:301 = 1987:389］）で、「複雑性という一般概念の四つの用い方」として図示されているのは、この事態に他ならない。「ターン」以後の用語法とはいくらかの違いがあるが、参考のために掲げておく（表1）。

「システムによる、環境の複雑性の縮減」によって意味されているのは、したがって、「完全な関係づけからの特定の関係づけの選択」ではなく、さらに「選択的」な事態である。すなわち、複雑

表1　複雑性の諸相

	環　境	システム
	縮　減	
無規定的な／規定不可能な	無規定的な／規定不可能な環境複雑性（世界）	無規定的な／規定不可能なシステム複雑性（潜在的な構造と過程の領域）
	規定	規定
規定的な／規定可能な	規定的な／規定可能な環境複雑性（システム相関的な環境投企）	規定的な／規定可能なシステム複雑性（顕在的な構造と過程の領域）
	縮　減	

な連関を形成する「関係の組成」（Relations-gefüge）がよりわずかの関係からなる連関によって再構成される、ということである。つまり、複雑性は複雑性によってのみ縮減されうる。それゆえに「複雑性の縮減」は、関係の関係づけを指し示す概念なのである（Luhmann [1984:49]）。

以上から明らかなように、複雑性の縮減によって〈システム／環境〉の差異を説明することはできない。複雑性の縮減について語られるとき、すでに〈システム／環境〉という線（表1の縦軸）が引かれている。この区別を用いてシステムと環境それぞれを指し示す際に、現在の学において追加的に用いられるのが、〈選択的な／完全な〉という区別（表1の横軸）であり、それによってシステムも環境も、ともに複雑なものとして現われてくる。その後でようやく、「複雑性の縮減」について語ることが可能になるのである。あるいは、複雑性を構成する〈選択的な／完全な〉という区別は、異なるもの（システムと環境）に同時に適用されることによって初めて、さらなる議論の前提となりうるのだといってもよい。伝統的な複雑性概念が、単に「これは複雑である」というかたちではなく、「複雑なものと単純なものがある」という対で用いられてきたのを想起されたい。現在では反対項を欠いた「支えのない」概念となった複雑性だが、やはりそれは〈縮減されない／された複雑性〉という対で用いなければ意味がないのである。そしてそのためには、〈システム／環境〉の区別がすでに導入されていなければならない。

というのは、世界を、あるいは（環境を考えずに）ひとつのシステムを《複雑な》ものとして指し示したとしても、多くを述べたことにはならないからである。この観点のもとでは、およそ規定されたものとして登場してくるすべてが、複雑性の縮減なのである。ならばその代わりに、「現にあるあらゆるものは世界のなかに登場する」と述べてもよいことになるだろう。これでは大した成果はあげられない。複雑性に関する言明は、統一性から差異へと移された場合に初めて生産的なものとなる。そしてそのために役立つのが、システムと環境の区別なのである。（Luhmann［1986a:33］）

以上から明らかなように、ルーマンの出発点は「複雑性の縮減」でも「世界の複雑性」でもなく、あくまで〈システム／環境〉の区別である。

6　複雑性の複雑性

前節ではあまりにもトリヴィアルな議論に立ち入りすぎたように見えるかもしれない。しかしそこには、社会を観察・記述し分析していくうえで無視することのできない論点が含まれているように思われる。それを明らかにするために、今しばらく複雑性に関する議論をフォローしていくとしよう。

複雑性とは、特定の対象がもつ属性ではなく、〈完全な／選択的な〉関係づけという区別を用いた観察の形式である。それはあらゆるものに適用されうる。だとすればこの区別は、いわばそれ自身のうちへと折り返されねばならないのではないか。つまりこの区別は、当の区別を区別自身に適用することを要求しているのである(18)。

先にも述べたように、形式としてのこの区別は普遍的であり、かつ閉じられている。あらゆる対象を、この区別を用いて観察・記述することができる。いかなる要素も完全に関係づけられるか、それとも選択的に関係づけられるかのどちらかであり、どちらか以外ではありえないのである。しかしあらゆるものに適用されうるということは、複雑性を形成するこの区別のみに与えられた特権では決してない。経済システムの作動の前提となっている〈支払い／不支払い〉という図式もまた、あらゆる対象の観察において用いられうるのである。学システムにおける〈真／偽〉、法システムにおける〈合法／不法〉などについても事は同様である。機能的に分化した各システムは、それぞれの区別（「コード」と呼ばれる）を自己の作動の前提とするが、その際、「ひとつの機能システムは、他のシステム用の他のコードが選択状況を創り出すという点を考慮しなくてよい（また考慮してはならない）のである」（Luhmann［1988a:86＝1991:71］）。おのおのの区別がそれぞれ普遍的な適用可能性を有しているがゆえに、相互を媒介するような観点は存在しえない。二つの区別の関係について論じられる際には、第三の区別が「盲点」（blinder Fleck）の位置におかれねばならない。例えば、〈真／偽〉を前提とする学システムにおいて、経済と法の関係について問う場合のように、である。もちろん逆に、現在の学に対する法的規定がはたして経済的に引き合うのかなどと問うこともまた可能である。いずれの場合でもその種の問題設定によって明らかになるのは、学から見た経済と法の関係、経済から見た学と法の関係などにすぎないのであって、二つの区別の関係を「客観的に」（すなわち、いかなる区別に対してもニュートラルに）捉える（媒介する）ことはできないのである。いうまでもなくおのおののシステムは、自分のものの見方こそが「客観的」であると主張するだろう。だが実際には「システムから独立した《客観的存在》などというものはない。あるのはただ、関係（＝区別）の関係づけのかたちを取る客観化の諸戦略のみである」（Luhmann［1987a:69］）。この点については、第三章で再度論じることにする。

複雑性を構成する区別もまた、普遍的に適用可能な諸区別のうちのひとつにすぎない。しかし他方で、複雑性はある種特権的な位置を占めているともいえる。というのは、件の区別のうちに、当の区別が多数のうちのひとつにすぎないということが含意されているからだ。「複雑性概念の根底にあるのは……非選択的な関係づけから選択的な関係づけを区別する形式である。しかし他方で、このように区別することからしてすでに、一方（選択的な）か他方（完全な）かの選択を強いるのである」（Luhmann［1990b:72］）。〈完全な／選択的な〉という区別のなかに、選択性の問題が再登場してくる。すなわち、この区別自体は完全な関係づけなのか、それとも選択的な関係づけなのか、というわけだ。答は明らかであろう。この区別が対象の観察・記述の際に用いられうる多くの形式のうちのひとつである以上、「あの形式ではなくこの形式を」という選択の手続抜きにそれを採用することはできない。学以外のシステムのコードが存在するのに加えて、学内部でも、複雑性を記述する際に別の区別を用いるべきだとの提案が数多くなされているのである。(19)

つまり複雑性は、〈完全な／選択的な〉という区別を用いた記述であると同時に、自分自身が多くの可能な選択的記述のうちのひとつでしかないということを示しているのである。したがって「われわれは、まさに当の複雑性の描写が、またその複雑性縮減の手がかりが、多数あるということによって定義されている、そのような複雑性概念に移行しなければならないだろう」（Luhmann［1988a:127＝1991:117］）。「複雑性一般の、唯一正しい記述」（»die« richtige Beschreibung »der« Komplexität）などというものは存在しない（Luhmann［1990a:667］）。だとすれば、従来複雑性の概念がほとんど無定義のまま用いられてきたのには、もっともな理由があるのかもしれない。今述べたような意味で複雑性自体が自己言及的な性質をもっているからである。複雑性は、単一の記述によって概念的に再現するには、あまりにも複雑すぎるのである（Luhmann［1984:45］）。

したがって複雑性概念は、一種の自己否認的な性格をもつことになる。あるいはわれわれは、二つの複雑性を考えなければならないのかもしれない。第一に、言語行為論でいうコンスタティブ（constative「事実確認的」）な次元において再現（観察・記述）される複雑性。第二は、その観察・記述そのものが、パフォーマティブ（performative「行為遂行的」）に産出する複雑性である（〈コンスタティブ／パフォーマティブ〉の区別に関しては、Austin［1962＝1978:4-13］を参照）。第一のレベルにおいて複雑性を観察・記述すること自体が選択的な関係づけ（特定の区別による指示）の実行（パフォーマンス）であり、複雑な事態を形成せしめるのである。両者をタイプ理論的な手法によって〈オブジェクト・レベル／メタ・レベル〉へと分離することはできない。少なくとも社会を対象とする学においては、言明の発話行為そのものが産出する複雑性も、またコンスタティブに記述されるべき対象となるからだ[20]。「複雑性の縮減」について語ることそのものによって、複雑性が増大していくのである。

だとすれば、社会（学）理論において複雑性を扱う際には、十分な注意が必要だということになる。最近よく見受けられる、次のような議論を考えてみよう。従来の社会学は対象を過度に斉一的で単純なものとして扱ってきた。しかし社会の現実はきわめて複雑かつ流動的であり、現代社会においてはその複雑性と流動性の度合いがますます高まりつつある。したがって現在必要なのは、その複雑性・流動性を視野に収めうる新たなパラダイムを確立することである。複雑で多様なものを、単一性（アイデンティティ）へと暴力的に縮減することなく、その多様性と動態において捉えねばならない。一見すると自明に思われるあらゆる同一性は、多様な諸要素の相互作用と闘争のなかで初めて構成されるのである、云々。典型的な例をいくつか引いておこう。

「支配的文化」のもたらすコンセンサスや常識は、入り組んだ権力作用の働きによって創り出されたものだ……。そうだとしたら、私たちは「常識」の画一的な拘束力に抗いながら、常識自体を複雑な権力作用の交差する闘いの展開する場所（トポス）として捉え直さなければならないだろう。（山田［1996:91］）

〔ラディカル・デモクラシーにおいては〕共通善の概念は、従来のように抽象名詞的ないし単一的な「共通善」（the common good）として捉えられるのではなく、むしろ複数形で種々の「共通善」（common goods）として多元的価値の共存として認識されていく必要があろう。（千葉［1995:176］）

〔社会〕運動とは、イデオローグがそれに課する整合的な統一目標に従って動く実体ではない。それは、行為のシステムであり、社会的行為のさまざまに異なるレベルと意味とのあいだで揺れ動く複合的なネットワークである。運動のアイデンティティは、与件でもなければ本質でもない。主体間の交換、交渉、決定、紛争の結果である。（Melucci［1989＝1997:x］）

ハイブリディティのポジティブな特徴は以下の点にある。ハイブリディティは、アイデンティティが差異のネゴシエーションを通じて構築されるという点を、また亀裂、ギャップ、矛盾の存在は必ずしも欠陥の標ではないという点を、認めることになる。最もラディカルなかたちを取るハイブリディティは、アイデンティティは多様な構成要素の組み合わせ、集積、融合あるいは綜合ではないということを強調する。アイデンティティは、差異のエネルギー・フィールドなのである。(Papastergiadis [1997:258])

これらの主張は、現在の学が分解と再構成の能力を高めた結果、すべてが複雑なものとして扱われうるようになったという、われわれの議論とも合致している。したがって、言明内容においては特に異議を唱える必要はないだろう。にもかかわらず、疑念が生じてくる。これらの議論では、複雑性があまりにも単純に扱われているのではないか。あたかも複雑性が、ひとつの言葉によって名指されうる斉一的な事態であるかのように、である。あるいは、複雑性「一般」が存在し、それを「正しく」把握しさえすれば確実な拠点を得ることができるかのように、といってもよい。現に、引用した議論は驚くほど「ワンパターン」ではないか。

もちろんこれは複雑性に関してのみ生じる問題ではない。例えば「異なる価値(諸価値の共存)に対する寛容な態度」をひとつの価値観として掲げてしまえば、それ自体が「不寛容な者」を有無をいわさず排除するという、不寛容な態度の根拠へと転化してしまう。「原理主義者」に対する非難と排除は、まさにこの論理を用いてなされているのである。[21]〈コンスタティブ／パフォーマティブ〉の両次元において生じるこの齟齬は、原理的には解消しがたい。両方の次元を同時に考慮すべきだという方針を打ち出してみても、それをひとつの言明としてコンスタティブに掲げれば、やはり同じことになってしまうからだ。例えば「異なる価値観に寛容な態度を取るだけでなく、その態度がパフォーマティブな次元において不寛容さを生じさせていないかをもチェックせよ」といってみたところで、今度は〈パフォーマティブな次元を考慮する者／しない者〉という弁別が（そして、排除が）おこなわれることになる。同様の議論をさらに続けることも可能である。

むしろ寛容さをコンスタティブな次元において確保しようとする議論のほうが、自己がパフォーマティブな次元で生ぜしめる排除と不寛容に対して盲目になりがちであるとすらいえるかもしれない。結果として複雑な事態を生起させるためには、内容においては不寛容な議論のほうが望ましいのである、と。不寛容さそれ自体が複雑性・多様性を保証するというわけではない。しかし少なくとも、普遍性をポジティブに掲げつつ、その普遍性そのものの再参入によって自己を限定する理論でなければ、二つの次元における複雑性を同時に確保することはできない。この点に関しては、スラヴォイ・ジジェクによる定式化が参考になろう。

重要な点は、普遍性を参照するということは、語りそのものにもともと備わっている以上、避けられないということだ。我々が話す瞬間に、一種の普遍的な次元が常に関わってくるのだ。

そこで、なすべきことは、我々は個別の立場からしか話していないと主張する、あるいはそれを公然と認めることではなく（この断定はすでに我々の個別の立場が位置する全体性の視点を含んでいる）、他ならぬ〈普遍〉のどうしようもない複数性を認めることなのだ。不一致が〈普遍〉のレベルにすでにあり、その結果、唯一の真の自己抑制は自分自身の〈普遍〉の個別性を認めることなのだ……。（Žižek［1996:91 = 1997:375］）

この「個別の立場が位置する全体性の視点」こそ、われわれが先ほど「不寛容へと転化した寛容な態度」と呼んだものであった。念のために確認しておくならば、「自分自身の〈普遍〉の個別性を認めること」ないし「理論の自己否認」を、「とりあえず普遍的な理論を展開しながら、それがもつ限界・一面性を折に触れて反省・自覚せよ」という「心構え」の問題に解消してはならない。ルーマンの用語でいえば、「心構え」は、コミュニケーションからなる社会システムではなく、思考の連鎖によって形成される心的システムに属している。一方理論はあくまで社会システムのひとつである学システムにおいて生じる。そして次章でも触れるように、社会システムと心的システムは相互にとって環境をなすのである。したがって、理論の性格づけを「心構え」に委ねるということは、理論を偶発的な環境の事象に依存させてしまうということに他ならない。自己否認は、あくまで理論そのもののうちに書き込まれていなければならないのである。そして自己否認を内包した理論とは、パラドキシカルな理論に他ならない[22]。むしろ〈理論内容の普遍性／個別性の自覚〉という、異なるシステム言及を用いてのこの区別は、パラドックスを解消するための事後的な方策だと考えるべきであろう。あるいは理論は、異なるシステム言及（「心構え」）によって「補正」されるのではなく、自己の内容からして「失敗」しなければならないのだと述べることもできる（結語を参照）。

われわれは複雑性概念について考察するなかで、それが普遍的であると同時に、まさにその普遍性によって自己が限界をもつことを示すのだという点を確認した。この「普遍的でありかつ自己否認的な理論」こそが、ルーマンがめざす「社会の普遍的理論」そのものの第一の特徴なのである。ハーバーマスとの論争書のなかでは、「普遍性は科学システムのなかの理論的プルラリズムを塞ぐものではない」（Habermas/Luhmann［1971:378 = 1987:458］）と述べられていた。現在から振り返ってみれば、この表現は弱すぎたというべきだろう。プルラリズムは、容認されるのではなく要請されるのである。

7　システムとは何か

前節においてルーマンの複雑性概念をフォローするなかで、次の点を確認することができた。通常の理解とは異なって、「複雑性の縮減」は、システムと環境の差異の成立を説明しうるような「根本概念」ではない。すでに〈システム／環境〉の区別がなされているところに複雑性概念が付加された場合に初めて、「複雑性の縮減」について語りうるようになるのである。したがって出発点となるのは、あくまで〈システム／環境〉の差異である。

しかし当然疑問が沸いてくるだろう。そもそもシステムとは何なのか？ だがこの問いに対しても、これまで何度かくり返してきたことを再度指摘しなければならない。もしシステムが何らかのメルクマールによって定義されるとしたら、われわれの出発点は〈システム／環境〉の区別ではなく、そのメルクマールのほうだということになる。すなわち「システムとは何か」という問いは、〈システム／環境〉の差異を、何か別のもの（同一性）へと差し戻そうとしているのである。あくまで〈システム／環境〉の差異から出発するのであれば、可能なのは「システムは環境とは異なる」というネガティブな言明のみであろう。

それゆえ、新しいシステム理論が記述するのは、システムと呼ばれる特定の対象ではない。システム理論による世界の観察は、特定の（他ではない）区別に定位する――まさしくシステムと環境の区別に、である。[23]（Luhmann［1992a:74］）

前節での複雑性概念の扱いを想起すれば、このような主張はもはや奇異なものには思われないだろう。問題は、「○○とは何か」ではなく、「○○について語るとき、どんな区別が用いられているか」なのである。そして〈システム／環境〉の区別は、複雑性の場合と同様自己否認的であると同時に自己確証的でもある。自己否認的であるのは、〈システム／環境〉という区別も、ひとつのシステム（学システム）において生じるのであって、環境において生じるのではないからである。すなわち〈システム／環境〉の区別は、普遍的でありながら（まさにそれゆえに）自己とは異なるもの（環境）が存在するのであって、世界を高みから見下ろしているわけではないことを認めねばならなくなる。一方自己確証的であるのは、システムについて語ることもシステムとして生じるからである。だからこそわれわれはシステムは「単に分析的な」ものではないということから出発したわけだ。「システム概念は、その区別を用いて分析をおこなう者にも適用されうる。それゆえに、システムを経験的言及対象をもたない構成物として把握するのでは不十分なのである」（Luhmann/Fuchs [1989:212]）。

次のステップに進もう。われわれはルーマンとともに、この区別によって生じる「違い」を「複雑性の縮減」として定式化した。別の定式化ももちろん可能だろう。理論を展開していく各ステップにおいて、「こうであって他ではありえない」という必然性は存在しない。というよりも、理論の展開は着実な積み重ねとしてではなく、すでに前提とされているはずのものを想起したり、展開の結果を先取りしたりという錯綜した道筋で進んでいく他はない。それゆえに、「理論のレイアウトは、ハッピーエンドへのハイウェイよりも、むしろ迷宮に似ている」（Luhmann [1984:14]）。理論は、このネットワークの全体として評価されねばならないのである。

「複雑性の縮減」が意味しているのは、複雑な関係からなる事態がよりわずかの関係によって再構成されるということ、したがってシステム内部での関係組成は環境のそれとは一致しないということとであった。それゆえに、もはや〈システム／環境〉という差異において「最小多様度」を考えることはできない。どんなシステムも、環境の複雑性をコントロールしうるほど大きな複雑性を形成しえないのである（Luhmann [1986a:32]）。この意味で、システム内の事象と環境のそれとの直接的対応は成立しえない。システムが環境の事象に反応しうるとしても、それはあくまで自己の組成を前提としてのことなのである。言い換えればシステムは、環境と関係する前に、まずもって自分自身と関係しなければならない。正確にいえばシステムは、当のシステム内部において引かれた〈システム／環境〉の区別を通してのみ、環境に定位しうるのである（Luhmann [1990b:200]）。

以上述べてきた事態をわれわれは、「自己言及的に閉じられたシステムが存在する」というように定式化しておこう。この自己関係性＝閉じが実現される様式ごとに、さまざまな種類のシステムが登場してくることになる。本書の対象である社会システムの閉じは、コミュニケーションがコミュニケーションに（のみ）接続されるというかたちで実現されるのである。

第二章　コミュニケーション

1　コミュニケーションの差異

前章最後に触れた「社会システムの閉鎖性」に関するルーマンの議論を、まずはきわめて抽象的に定式化しておこう。

社会システムの閉じは、コミュニケーションがコミュニケーションに（のみ）接続するというかたちで実現される。つまり社会システムはコミュニケーションからなる。逆にコミュニケーションは常に社会システムの内部で（厳密には、包括的社会システムとしての全体社会システム Gesellschaftssystem の内部で）生じる。社会はコミュニケーションからなり、あらゆるコミュニケーションは社会において生じる。したがって社会は複数の人間の集合体として成立するのではない。人間は社会システムの構成要素ではなく、その環境である。

社会システムの構成要素に関するルーマンのこの議論は、数多くの賛否両論を巻き起こしてきた。一方で「社会システムの構成要素は個人ないし個人による行為である」という「主体理論」から完全に切断された、新たな地平を開く画期的な理論であるとの賞賛の声が、他方でルーマンは社会を人間から切り離されたところで自足している存在だと見なす、反人間的な立場をとっているとの非難の声が寄せられてきたわけだ。例えばウィリアム・バクストンは、ルーマンはコミュニケーションから人間を排除した結果、コミュニケーションがもつ批判的機能を無視してしまっている云々と、この論点に関連させつつ例の「テクノクラートのイデオローグ」批判をくり返している[1] (Buxton [1997:252])。われわれにとってなじみ深い言葉でいえば、ルーマンはコミュニケーションがあたかもそれ自体として、実体として存在しているかのような「物象化的錯視」に陥っている、といったところだろうか。

しかし「人間の排除」はともかく、社会的なものとコミュニケーションとを等置し、コミュニケーションは話者の意図によって操縦されるのではなく、独自の論理に従って組織化されていくと主張する議論自体は、日常感覚からしてもさほど異様ではないだろう。考えていることと語られることとはえてして食い違う、考えていたことをうまく言葉にできなかった、話の流れに乗ってつい思ってもいなかったことを口にしてしまったなどの日常経験を考えてみればよい。逆にその分、この議論は特に独創的なものともいえないはずだ。むしろ問題は「コミュニケーション」の内実、すなわちコミュニケーションをいかに定義するかのほうである。

では、コミュニケーションとは何か。われわれはここでもまた、前章と同様の論法を採用しなければならない。「複雑性」とは何らかの自己同一的メルクマールによって定義される「モノ」の特性ではなく、特定の区別による対象記述の方法であった。コミュニケーションもまた、特定のメルクマールを手がかりにして「これがコミュニケーションである（他のものはそうではない）」と名指しうるような客体ではない。もちろんそもそもコミュニケーションはそれ自体として持続するような「モノ」ではなく、生じてはただちに消滅していくできごと（Ereignis）である。しかしその点を考慮したとしてもやはり、コミュニケーションとそうでないものとを「それ自体」として弁別しうるわけではない（問題は、どんな区別が投入されるかである）ということは、確認しておくに値する。

それではコミュニケーションについて語られる場合に用いられているのは、どんな区別なのか。ルーマンはコミュニケーションを、情報（Information）、伝達（Vermittelung あるいは送信 Absendung）、理解（Verstehen あるいは受信 Empfang）それぞれの選択性が統一されたものとして定義している（Luhmann［1984:194-201］）。コミュニケーションが生じるとき、常にこの三つの次元において、それぞれ異なる選択が生じているはずである、と。しかしコミュニケーションについて語る際にさしあたり重要になるのは、〈情報／伝達〉の区別である。「〈情報／伝達という〉この差異を組み込むことによってはじめて、コミュニケーションはコミュニケーションとなる」（Luhmann［1984:198］）。両者を区別することを「理解」と呼ぶのだと、とりあえずは「理解」しておこう（理解については後述）。

2　情報と伝達の差異

情報と伝達の差異というこの論点は、前章最後で触れた言語行為論における〈コンスタティブ／パフォーマティブ〉という二つの次元の区別を想起させる。現にルーマン自身情報と伝達の区別を、「コミュニケーションの作動の、コンスタティブな側面とパフォーマティブな側面の区別」と言い換えている（Luhmann［1995c:23］）。この二つの次元の差異を観察しうるとき、そこにはコミュニケーションが生じているということになるわけだ。ただし複雑性の場合と同様、この差異が「事柄それ自体」のうちにあらかじめ存在していると考えてはならない。今仮に、コミュニケーションにおいて伝達する側を他者（Alter）、理解する側を自我（Ego）と呼んでおく。(2) コミュニケーションが生じるか否かにとって重要なのは、他者の側にコミュニケートしようとする意志や、「コミュニケーション能力」が存在しているかどうかではない。

志向性（Intentionalität）や言語性（Sprachlichkeit）を、コミュニケーション概念の定義のためにもちいることはできない。その代わりにわれわれがねらいを定めるのは、差異の意識（Differenzbewußtsein）、すなわちあらゆるコミュニケーションに組み込まれている情報と伝達の差異である。（Luhmann［1984:209］）

「差異の意識」という誤解を招きやすい言葉によって示唆されているように、さしあたり問題なのは、自我が〈情報／伝達〉というこの差異を認めることである。現象を単に知覚する場合、われわれはそれによって情報を得ることはできるが、その情報からは距離をとりえない。ただ単にその情報を受け入れるしかない。言語行為論においてしばしば援用される、いわゆる「ムーアのパラドックス」を考えてみればよい。

私が「その猫はマットの上にいる」と述べることは、その猫がマットの上にいると私が信じているということを含意する（implies）。……「その猫はマットの上にいるが、私はその猫がマットの上にいるとは信じていない」（'the cat is on the mat but I do not believe it is'）と言うことはできない。（Austin［1962＝1978:84］）

コンスタティブな次元のみを考慮する場合、情報に対する反応は、狭い範囲に限定されざるをえないのである。(3)

それに対して情報と伝達を区別するならば、より多様な対処が可能になる。「『その猫はマットの上にいる』と彼はいう。しかしそれは私の注意を逸らすためではないかと、私は疑っている」というようにである。そのとき発言内容がもつ選択性と伝達の選択性は、それぞれ異なるものとして差異を形成しつつ、ひとつのできごとのうちで重なり合っている（統一性を形成している）。前者の選択性は例えば、その（あの、ではなく）猫は（犬は、ではなく）マットの（ソファの、ではなく）……というようなかたちで生じてくる。一方伝達の選択性は、彼は「その猫は……」と主張する／結論する／立証する／容認する／予言する……というように想定できる（これらの動詞はAustin［1962＝1978: 149］が「言明解説型の遂行的発言」expositional performativeとしてあげているものである）。二つの選択性の区別が、「ムーアのパラドックス」を展開（Entfaltung）する可能性を与えてくれるのである。[4]「自我は、情報と伝達を区別しなければならないがゆえに、批判し、場合によっては拒絶する能力をもつようになる」（Luhmann［1984:212］）。

自我によってあるできごとが、この異なる二種類の選択性の重なり合いとして観察されるとき、それはコミュニケーションとして理解されていることになる。そして自我がその選択性の差異を前提として次の行動を選択し、その行動が他者の側で再度〈情報／伝達〉の差異に基づいて観察される場合、コミュニケーションの接続が生じているといえるのである。

コミュニケーションは……少なくとも伝達と情報の差異が理解されている場合にだけ生じる。理解のなかでコミュニケーションは、その内容がもつ情報価値とその内容が伝達された理由との違いを、把握するのである。コミュニケーションはその場合、一方または他方の側を強調できる。情報そのもののほうにより注目したり、表出行動のほうに注目したりできるのである。しかし常に両方が選択として経験され、その点で区別されるという点は変わらない。言い換えるなら、次の点が前提とされえねばならないのである。情報はそれ自体から理解されるものではない。情報を伝達するには、特別な決断（Entschluß）が必要なのである、と。（Luhmann [1995a:115]。ただし引用文中の傍点は原文のイタリックに相当。以下、特に断らない限り同様）

コミュニケーションを形成する第三の選択性である「理解」に進む前に、〈情報／伝達〉というこの差異に関する注意を差し挟んでおこう。

3　Taking the Difference Seriously

〈情報／伝達〉というこの区別は、対象を観察する際に用いられる区別とは異なる性格をもっている。例えば木を知覚する（観察する）場合、木は形式（普遍的に用いられる区別）の一項として、「他のものの他なるもの」（das Anderssein des anderen）として（つまり、木でないものではないものとして）把握されるが、そこで区別（木／木でないもの）を通して知覚されているのはあくまで木であって区別そのものではない。「これに対してコミュニケーションは常に、区別としての区別のプロセシングであり、そうであり続ける——情報と伝達の区別の、である」（Luhmann [1990a:20-21]）。情報と伝達の差異がプロセシングされているとき、コミュニケーションが生じているとはいえる。しかし、「コミュニケーションとは何か」との問いには、もしそれが定義可能な同一物を想定しているのであれば、答えることができない。その問いに答えようとする人は、単なる区別のプロセシングから離れて、区別を用いた観察へと移行しているからだ。コミュニケーションに関して観察されうるのは、単純化され特定の帰属点へと帰せられた行為のみであって、コミュニケーションそのものではないのである（Luhmann［1984:226］）。

この点は少なからぬ含意を有している。先にも言語行為論との平行性を指摘したように、コミュニケーションにおける〈情報／伝達〉の差異を強調するのは、さほど珍しい論点ではない。しかし通常の場合議論は、コミュニケーションを十全に把握するためには二つの次元を同時に考慮しなければならないというところに収斂していくようだ。つまり両者それぞれおよびその間の関係を適切に把握しさえすれば、対象としてのコミュニケーションを全体として、ひとつの同一物として記述できるはずだ、というわけだ。もちろん「〈情報／伝達〉の差異」という代わりに例えば「メッセージとコンテクスト」などと呼んでもいい。また両者の関係についても、ハイアラーキカルな上下関係や、往復運動ないし「弁証法」を想定するなど、多様な議論が可能だろう。しかしいずれの場合でも差異はあらかじめ媒介可能なものとして、あるいはすでに存在している統一的審級の下位分割として考えられていることになる。それはコミュニケーションという同一対象内部での多様性にすぎないのである。

例えば小畑清剛は言語行為論を法的領域に適用するという問題関心のもとで、次のような議論を展開する。「違憲判決を下す」という言語行為は、「判決を下す」という行為そのものを定義する構成的規則に従ってなされると同時に、憲法と諸法規の関係をめぐって闘わされている法学上の論争に対して一石を投じ、その現状を変容せしめるという効果をも有している。ダイナミックに変化し続ける「法的自己組織性」を十全に評価するためには、この両方のレベルが（特に、法律家が後者において発揮する主体性が）考慮されねばならない（小畑［1991］）。

この議論が〈情報（判決内容）／伝達（法解釈学上の論争への波及効）〉という区別に基づいたものであると同時に、そこでは差異が媒介され同一物（法的自己組織性）へと回収されてしまっていることは明らかであろう。したがって最初から、判決内容と波及効の両方込みで「判決を下す」ことの情報内容なのだと考えることもできるわけだ。そしてその場合伝達の次元は、法システムとは異なるコード、例えば〈支払い／不支払い〉（経済）、〈内在／超越〉（宗教）などを用いて、「判決を下す」という伝達の背後に潜む、法そのものとは無関係な動機を探る議論において登場してくることになる（この点については、機能分化を論じる際に再度取り上げる）。さらに、「経済的動機によって支えられた法的発話」をひとつの情報として捉え、それが伝達された理由を問うこともできる。「できる」というよりも、そのような遡行は常に生じてこざるをえない。なるほど私は、X氏の一見純粋に法学的だと思われる発話の裏に潜んでいる経済的動機を発見したと信じた。しかし次の瞬間には疑念が沸いてくる。もしかしたら、「私（X）は経済的な動機に基づいて法学的発話をおこなった」ということこそが、X氏が意図していたメッセージであって、その裏には「本当は」また別の動機が潜んでいるのではないか、と。この遡行もまた無限に続行可能である。(5)

このような無限背進を断ち切るためには、話者が発話をおこなうと同時に、自分はその発話を誠実におこなっているのであって、相手を欺こうとするいかなる意図も背後に有していないということを表明しなければならない。しかし周知のように、そのような誠実性（Authentizität, Aufrichtigkeit）をコミュニケートすることはできない。というのは、誠実性の表明自体が誠実になされていることもまた同時に表明されねばならず、やはり無限後退に陥ってしまうからだ[6]（Luhmann［1987e:115］）。

したがって、〈情報／伝達〉というこの差異は、取り消し不可能である。すなわち、両者を包括するより高次の統一体へと「止揚」することもできなければ、そこから両者が派生してくるところの根源へと差し戻すこともできないのである。ただしルーマンはある箇所で、一見それと矛盾することを述べてはいる。

> コミュニケートされえない意味体験が存在しうる。というのは、伝達と情報の差異の主張自体が、そのような意味に関しては破壊されてしまうからである。イメージ的に表現するならば、情報があまりにもホットな場合には、伝達はクールなままではいられないのである。（Luhmann［1983:156］。ただし傍点は引用者）

ここで想定されているのは、次のような事態であろう。親密な関係においては、「愛している」とことさら伝えること自体が、もはや愛していないのではないかとの疑いを呼び起こしてしまう。そうではないということを伝えようとすればするほど、その伝達自体が「愛していない」というメッセージとして受け取られてしまうのである。本来分離され、あるいは一定の規則によって正しく結びつけられるべき二つの次元の間に、ショート・サーキットが成立してしまうのである。したがってここでいう「差異の破壊」とは、差異があからさまなパラドックスと化してしまうということに他ならず、〈伝達／情報〉の区別自体が不要となってしまうとか、両者が何らかの審級において収斂しうるとかいうことを意味しているわけではないのである。むしろそれは、この差異があまりにも昂進しすぎたがゆえに生じてくる事態だと考えるべきであろう。

以上のようにルーマンが強調しているのは、コミュニケーションにおいては〈情報／伝達〉の差異がいかなる局面においても常に登場してこざるをえないのであって、両者をひとつの「全体」として把握することは決してできないということである。情報と伝達は、それぞれを走査することを通して「コミュニケーション」という全体へといたりうるような、「部分」や「構成要素」ではない。コミュニケーションは名指しうる自己同一的な対象としてではなく、差異の統一性というパラドックス（異なるものが同じものである）としてしか捉えられないのである。

4　補論a：「と」の二様態

〈情報／伝達〉の）差異に関する以上の議論をさらに一般化することによって、ルーマンの理論的姿勢とでもいうべきものを、他の思想家と関連させつつ明らかにすることもできよう。情報と伝達の差異を考えるなどと述べられる場合、この「と」にはいかなる意味合いが含まれているのだろうか。先に引いた小畑清剛の議論でも見られるように（小畑［1991］）、通常の場合この「と」は、前後に位置する二つの項目（間の差異）が、何らかの審級において媒介・調停・統一されうるということを示唆しているのではないだろうか。あるいはこの「と」こそが、両者を媒介する第三項そのものであるというべきかもしれない。

例外のある規則と例外のない規則がある……あるいは、正しい主張と正しくない主張がある……。しかし、この「と」によって何が指示され、何が排除されたのだろうか――何も指示されていなければ、排除されてもいない。この「と」は、システムの内部でシステムの統一性にとって代わるジョーカーとして働いているのだ。……とはいえ、それによってシステムの統一性が充分に記述されるわけではない。それもまた、パラドックスが隠れすむ場所なのである。

（Luhmann［1991b:375-376］）

「例外のある……」と述べられたからといって、それで何らかの有益な結論が得られるわけではない。「例外のある規則」も「例外のない規則」も、具体的に同定されたわけではないからだ。にもかかわらずわれわれはそう述べることによって、規則全体を射程のうちに収めたかのように考えてしまう。後はそれぞれを精査し、さらに両者の関係を考えさえすれば、その全体を把握できる、と。あらかじめ存在している全体が、この区別によって二つの領域へと隈なく（例外なく？）分割されたかのように、である。両者は異なってはいるが、もともとひとつの全体が分割されたものである以上、再度全体へと媒介可能なはずである、というわけだ。しかしそのような「全体」は、「と」によってはじめて投射されたものなのである。

一方スラヴォイ・ジジェクは、アルチュセールが「イデオロギーと国家のイデオロギー装置（Appareils Ideologiques d'État——以下ＡＩＥと略記）」というときの「と」が、媒介し統一的全体の仮象を生ぜしめるこの「と」とはまったく異なる性格をもつことを指摘している（Žižek［1996:103-106＝1997:163-168］）。なおＡＩＥに関する以下の議論は、宇城輝人にも依拠している（宇城［1993］）。

通常イデオロギーは、主体と社会（小文字の主体と大文字の主体）の間の破綻のない円環を成立させる観念体系と見なされているが、それは「虚偽」であるがゆえに、常に現実的な装置によって人々に押しつけられる必要があるとされる。そしてアルチュセールのＡＩＥ概念の意義は、次の点を明らかにしたことにある、ということになる。第一に、イデオロギーが必ずしも主体にとって抑圧的ではなく、むしろ主体を可能にするポジティブな性格をもつこと。第二に、イデオロギーを支えているのは、従来想定されていた抑圧的国家装置のみでなく、「小さな教会のミサや埋葬、スポーツ団体の小さな試合、学校の教室での授業、政党の集会や討論集会など」(Althusser [1970 = 1993:77])、社会のあらゆる領域に遍在するＡＩＥでもあること。

しかしもしそれらの遍在するメカニズムによってイデオロギーが諸主体へと浸透し、円滑に機能するとしたら、イデオロギー＋ＡＩＥによって破綻のない円環が形成されていることになるではないか。「イデオロギーが機能している」という代わりに、「イデオロギー＋ＡＩＥが機能している」と述べているにすぎないわけだ。それゆえにアルチュセールの議論は結果として、社会の全体が隅々まで機能的に統合されていると見なすパーソンズ流の機能主義の陰画となっているとの批判が登場してくることにもなるのである。この解釈においては「イデオロギーとＡＩＥ」の「と」は、統一的(に機能する)全体を分割し媒介する役割を担っている。その意味ではこの解釈における「イデオロギーとＡＩＥ」は二項関係ではなく三項関係であるともいえる。すなわち両項目および「と」(＝両者を媒介し関係づける第三者)である。そしてこの種の議論の焦点は、両項目間の差異そのものよりもむしろ、両者を媒介する「と」のありようを確定することのうちにある。

一方アルチュセールの「と」は、それとはまったく異なる性格をもっている。

……〔アルチュセールの〕「と」は、ある意味で同語反復的である。それは、二つの異なる様相にある同一内容を結合する――まずイデオロギーとしての証において、そして次にそれが存在するためのイデオロギー外の条件において。それゆえにここでは、媒体を特に指し示すための第三項を必要としない。通常の場合、媒体において「と」によって結びつけられた二つの項目が互いに出会うものとされている。しかしここでは、第二項がひとつのイデオロギー的宇宙の具体的存在のネットワーク（「媒体」）〔＝イデオロギー装置〕を表しているが、この第二項それ自体がすでに問題の第三項なのである。弁証法的‐唯物論者のこの「と」とは対照的に、観念論的‐イデオロギー的な「と」は、まさしくこの第三項として機能する。諸要素の両極性ないし複数性の共通の媒体として、である。（Žižek［1996:104＝1997:164-165］。ただし訳文は引用者）

あるいはアルチュセールが「イデオロギーと……」の邦訳に寄せた序文でも述べているように、「ＡＩＥは用具ではない。それは形態である」（宇城［1993:88］より引用）といってもいい。われわれはここで、アルチュセールが明らかに価値形態論との関連において導入した形態＝形式（Form）という概念を、あえてスペンサー＝ブラウンとルーマンがいう意味で受け取っておこう。すなわち形式とは、観察において用いられる（そして、当の観察にとって盲点となる）普遍的な二分図式である、と。イデオロギーについて考察する際には、〈イデオロギー／ＡＩＥ〉という区別（差異）が常に前提とされねばならない。イデオロギーは見かけ上破綻のない観念体系であり、イデオロギー装置はイデオロギーを可能にしながらイデオロギーによって隠蔽される現実的な「闘争の場」であると、一応はいえる。しかし〈イデオロギー／ＡＩＥ〉の両項目は、それぞれ特定の対象領域を指し示しているのではない。この区別は普遍的であり絶対的である。すなわち、イデオロギーに関するいかなる議論においても常に前提とされねばならないがゆえに、両項目を関係づけたり同一物へと媒介することは決してできないのである。

今仮に、「イデオロギーは観念体系だけとして存立しうるものではなく、何らかの現実的装置（例えば、「プラチック」）によって機能する」と述べたとする。だが「〈イデオロギー＋ＡＩＥ〉が円滑に機能する」というこの言明もまた、社会を破綻のない全体として描き出す観念体系であり、それ自体がイデオロギーに他ならない。したがって次の瞬間には、この言明を可能にする現実的なイデオロギー装置（アカデミズムを支える教育・研究体制など）についての問いが浮上してこざるをえない。そしてまた、教育・研究体制についての言説もその「外側」をもつ。さらに同様の議論を続けることもできる。

ＡＩＥにおいて問題となっているのは、イデオロギーとその物質的基礎ではなく、「あらゆる上部構造とイデオロギーの事実上の物質性」（Althusser［1994＝1995:48］）なのである。そしてここでいう物質性は、イデオロギーとは別領域に属する（したがって、媒介する「と」によって結合されうる）ものではなく、イデオロギーに常に随伴する「単なる痕跡であり、痕跡を残す身振りの物質性であって、この痕跡は洞窟の壁や一枚の紙に残された痕跡と区別しがたいのです」（Althusser［1994＝1995:47］）。

〈情報／伝達〉の区別もまた、同じ意味で普遍的であり絶対的である。両者を、媒介する「と」によって「コミュニケーション」という全体へと統合することはできない。媒介を試みる発話に関しても、やはり〈情報／伝達〉の差異を問題にしなければならないのである。(7)〈情報／伝達〉の差異は、想像的（「観念論」的）全体へといたる媒介を徹底して拒否する。ジジェクにならってこのような態度を「唯物論的」と呼ぶとすれば、ルーマンのコミュニケーション概念は「唯物論的」であるといいうるだろう。あるいはそれは、自己同一的な「全体」を拒絶するという点において、「脱構築」的な概念であるといってもいいかもしれない。

コミュニケーションは、それに内在するパラドックスへと差し戻される。この点は今日では、記号論的言語学、テクスト理論、精神医学、システム療法におけるスタンダードな知見に属している。ジャック・デリダ、ポール・ド・マン、グレゴリー・ベイトソンの名前を引いておこう。（Luhmann［1998:352］）

5　理解

これまで述べてきたように、ある事象をコミュニケーションたらしめるのは〈情報／伝達〉の差異であるが、この差異を観察することを「理解」と呼ぶ。すなわち、コミュニケーションの接続においては常に理解という第三の選択が生じていることになる。正確には理解とは、できごとを構成する二重の選択性を、次の行動の前提として引き受けるということを意味している。やや異なる文脈ではあるが、ルーマンは理解をこう定義している。「理解は……理解するもの〔＝自我としてのシステム〕のみの力による（eigenmächtig）作動である。その唯一の条件は、〔理解という〕その作動が、観察されるシステムの自己言及に関係するということ（*daß*）である」[8]（Luhmann［1986b:88］）。「自己言及に関係する」とはすなわち、できごとを単に情報としてではなく、他者の側での独自の自己関係性（前章最後で述べた「閉じ」）に基づいた伝達としても捉えねばならないということである。あるいは次のように表現してもよい（Luhmann［1996c:52］）。情報とは他者言及である。すなわち、他者が自分以外の何かについて述べることである（述べるというその作動以外の自分自身も含めて）。伝達とは自己言及である。すなわち、伝達をおこなう他者が、自己（他者自身）との関係のなかで情報を処理し（これが本書53頁引用文にあった「決断」の内実である）、遂行的行為として送り出すことである。そして理解とは自我が、コミュニケイティブに圧縮された意味を（つまり、〈情報／伝達〉の重なり合いとして観察されたできごとを）、さらなるコミュニケーションへと移送する（Überführung）ための前提として把握することである、と。したがって、コミュニケーションのメルクマールである〈情報／伝達〉の差異を認めるということは、他者の側での自己言及の存在を承認することであるといってもよい。

　それゆえに理解とは、理解する者（自我）とされる者（他者）との間に何かが共有されるということを意味するわけではない。自我の側で件の差異が観察され、引き受けられるときには常に－すでに理解が生じている。理解は自我の側で一方的に生じるのであって、そのために必要なのは、自我が他のシステム（他者）の自己言及に関係することのみである（前段での引用部を参照）。そして「システムの自己言及に関係する」とは、そのシステムが自己関係的に閉じられているがゆえに外からは見通しえないのを認めることに他ならない。だから「理解するのは、見通しえないからという理由のみによってである」（Luhmann［1990a:26］）。理解はコンセンサスの機能的等価物であるという一見すると奇妙なテーゼも（Luhmann［1986b:88］）、以上の文脈において「理解」できよう。コンセンサスを、他の心的システムの状態を見通してそれと同一化することというように定義するならば、現実にはそんなことは不可能であるといわざるをえない。そのような状況下でさらにコミュニケーションを継続していくための手がかりを与えてくれるのが、ここでいう「理解」なのである。

したがってまた「理解」とは、情報内容や伝達の遂行を確証・是認・同意することを意味するものでもない。ある発話の意味内容をまったく把握できなかったとしても（つまり、通常の意味で「理解」不能であったとしても）、それが自然に生じたノイズではなく発話されたものとして受け取られ、この〈情報／伝達〉の差異がさらなるコミュニケーションの前提とされている限り、すでに理解が生じていることになる。その意味では、「理解不能性」は存在しえないともいえよう。ただ、理解が（すなわち、〈情報／伝達〉の差異の観察が）生じるか生じないかの違いが存在するのみである、と。(9)

〈同意／不同意〉（より一般的には、コミュニケーションの〈受け入れ／拒絶〉）は、理解を前提とした次のステップにおいてのみ問題となる。不同意においても、他者が引き起こしたできごとは、二重の選択性として（そして、退けられるべきものとして）まずもって引き受けられ、前提とされているのだから。不同意や拒絶はコミュニケーションの不成立を意味しない。それはあくまで、コミュニケーションの一形態なのである。(10)

6　コミュニケーションの接続と「ダブル・コンティンジェンシー」

このようにルーマンにおいては「理解」や「コミュニケーション」の概念は、通常の場合よりも抽象的かつ幅広い（無規定な？）かたちで設定されている。ルーマンのコミュニケーション概念に対する批判の多くは、この点に起因しているように思われる。例えば、ルーマンはそもそもコミュニケーションがいかにして成立するかを、まったく説明していないではないか、と(11)（樫村［1998:100-101］）。

自我と他者が対峙するという、コミュニケーションの原基的状況である「ダブル・コンティンジェンシー」（double contingency, doppelte Kontingenz――以下ＤＫと略記）に即して、この問題を考えてみよう。周知のようにＤＫはもともとパーソンズによって、共有された価値の必要性を説くために設定されたものであった（Parsons［1951＝1974:42-51］）。自我（Ａ）と他者（Ｂ）が対峙しているとき、互いに相手の出方を予期することによって、一種の決定不能性が生じてくる。すなわち両者とも、もし相手が自分が望んでいる行為をしてくれるなら、自分も相手の望む行為をしてやろうと考える。

かくしてどちらからも行動を起こしえず、相互行為は不発に終わってしまうはずである。その結果、秩序を備えた相互行為はまったく成立しえないことになってしまう。そうならないためには、相互行為の前提となる最低限の規範が、あらかじめＡＢの両者に共有されていなければならない。あるいは同様の論理によって、〈望む／望まない〉という以前に、安定したシンボル体系が共有されていなければ、コミュニケーションそのものが不可能なはずだとの結論が導かれるのである。

このようなパーソンズの立論は、論理的にも倫理的にもくり返し批判を浴びてきた。論理的にというのは、この議論では説明されるべき結果があらかじめ前提とされてしまっているからだ。ＤＫのなかから、共有されたシンボルのもとでのコミュニケーションが可能な状態がいかにして生じてくるかこそが、説明されねばならないのではないか。倫理的にというのは、パーソンズ流の理論構成からは、共有されたシンボルおよび規範が織りなす「社会体系の文化的伝統」(Parsons [1951＝1974:43]) が常に尊重されるべきだという保守主義的なスタンスが派生してくるように見えるからだ。あらゆる相互行為において文化的伝統が前提とされているなら、当の文化的伝統の変化はいかにして生じてくるというのか。周知のように一九六〇年代末以降、これらの点をめぐってパーソンズ理論は激しい批判にさらされることになった。

ではルーマンはＤＫの問題をどう扱っているのだろうか。この点に関するルーマンの論述は、ある意味ではきわめて悪名高い。一言でいえば、ＤＫは自己触媒的性格をもっており、ひとりでに自己を解決してしまうというものだからだ。

> 自我は他者を、他我（alter Ego）として経験する。しかし自我は、パースペクティブのこの非同一性と同時に、両方の側でのこの経験の同一性をも経験する。それによって状況は、両方の側にとって不確定で、不安定で、耐え難いものとなる。この経験のうちで、両者のパースペクティブが収斂する。それによって、この否定性を否定することへの関心、規定への関心を仮定することが可能になる。（Luhmann［1984:172］）

これではコミュニケーションの成立を説明しえていないとの批判が生じてくるのは、むしろ当然のことであろう。自我と他者の両方の側で無規定状態を解消することへの関心が生じたとしても、どのような規定性において解消するかについての一致が生じる保証は何もないからだ。規定内容に関する両者の思惑が食い違えば、またそこから無規定状態が生じてくることにしかならないだろう。やはりルーマンは、「DKという問題の自己触媒作用を、ただちにDK問題の解決へと変換する」（Miller［1987:204］）という誤りを犯しているのではないだろうか。あるいは大澤真幸とともに、ルーマンのこの議論には飛躍があると指摘しなければならないのではないか（大澤［1994:76］）。

しかしここで立ち止まって考えてみなければならない。「ルーマンの議論には飛躍がある」と批判するとき、われわれはそもそも何を求めているのだろうか。食い違う二つのパースペクティブからいかにしてコミュニケーションという、双方にとって共通・同一の事象が生じてくるかの説明を、であろう。あるいは「いかにして」というよりも「何によって」というほうが正確なのかもしれない。同一物たるコミュニケーションを可能にする、より根元的な同一物（メカニズム）は何なのか、と。

しかしそもそもこのような問題の立て方からして、ルーマンのコミュニケーション概念にはなじまないのではないか。ルーマンにとってコミュニケーションとは、それ自体として指し示されうる同一物ではなく、〈情報／伝達〉の差異であった。この差異を抹消することができないという点にこそ、コミュニケーションのコミュニケーションたる所以が求められていた。同様にルーマンが想定するDKにおいて何よりもまず確認すべきなのは、自我と他者のパースペクティブが異なっているということなのである。それゆえに、先に引用した一節におけるパースペクティブの収斂云々のくだりは、ネガティブに読まれるべきである。すなわち、DKにおいて「収斂」が生じうるとしたら、それはこのパースペクティブの非同一性の経験（差異の経験）をめぐってでしかありえない、ということにである。すなわちここで述べられているのは、〈自／他〉の差異が抹消しがたいということ、「共通のもの」はこの差異を何らかのかたちで媒介することによってではなく、この差異そのものにおいてしか生じえないということなのである。

したがってルーマンのDKは「説明」のための舞台立てではない。むしろそれは、説明されるべき自己同一的な事態においてすでに覆い隠されている差異を明るみに出すための装置なのである。だからこそルーマンは、DKという問題を「相互作用」「鏡像 Spiegelung」「視界の相互性」

「給付の互酬性」といった概念で解決しようとする試みに対して、警告を発しているのである。それでは社会的なもの（das Soziale）を個人間の関係として考えてしまうことになる、と（Luhmann [1984:153]）。ＤＫ問題の解決を、すなわち社会的なものの成立を、「相互性」の確立によって判定しようとするこの種の「対称性モデル」を前提とすれば、相互性に基づく関係の確立に失敗した場合には、社会性そのものが成立していないということになる。しかしルーマンにおいては、相互性が成立するか否かとは無関係に、〈自我／他者〉のパースペクティブの非同一性が体験されるところではすなわち社会性が存在していると見なされる。ちょうど、コミュニケーションの〈受容／拒否〉がコミュニケーションの成立にとって本質的な問題ではないのと同様にである。コミュニケーションがコンセンサスに到達するか否かは、社会性を前提として、その次のステップにおいてのみ問題となるのである。

確かにＤＫは、「社会的なもの」が存立する源基的な状況を指し示してはいる。しかしそこにおいて重要なのは差異そのものであって、差異を何かによって架橋することではない。ルーマンが「意味の社会的次元」に関して強調しているのも、まさにこの差異なのであって、それを克服する「メカニズム」などではない。意味の社会的次元は、自我と他者のそれぞれのパースペクティブという、二重の地平に関わる。「地平」であるということはすなわち、閉じえないこと（Unabschließbarkeit）を意味している（Luhmann [1984:120]）。二つの地平はそれぞれの内包が無限であるがゆえに、両者をひとつへと媒介することはできない。媒介する作動は、地平の「外」や「間」ではなく、それぞれの地平にそれぞれ別様に内属せざるをえないのである。システムと環境の間の因果関係を考えること自体がシステムに内属するかたちでしか生じえないという事態と同様に、である。[12]かくしてここでも、二つのパースペクティブの間の差異を抹消することは決してできないということを確認しうる。

とはいってもルーマンも、「架橋」がいかにして生じるかについて論じているように見える。しかしその論述は、これまたしばしば批判の対象となっているように、説明というにはあまりにも単純で表層的である。ときにはほとんど行動主義と見まごうばかりでさえある。

……社会的遭遇におけるDKの経験によって、共通の基盤を見いだしコンタクトを継続しうるということ自体が、きわめてありそうになくなる。この発見と継続もまた、今日多くの人々が考えているように、交渉（《ネゴシエーション》）を通して生じうるのではない。それが生じうるのは照応する仮定を、コミュニケーション・プロセスそのもののなかで回帰的に確証することを通してのみである。（Luhmann［1997a:341］）

コミュニケーションにおいて相手の出方に関する仮定（予期）を立て、それをもとにしてコミュニケーションを継続するなかで、相手の反応を通して当の予期が裏付けられたり裏切られたりする。このプロセスの反復を通して予期を調整し修正することによって他者との共通の基盤が確立され、接触が続いていくのだ、と。これではまるで単なるトライアル・アンド・エラーで事が済んでしまうかのようではないか。当然次のような批判が生じてくるはずである。問題は、双方で生じるそのような調整の試みが、いかにして一致点にいたりうるのか、一致を可能にするのは何なのかであるのに、その点を無視して議論が立てられている。これは論点先取ではないのか、と。

しかしこの議論は実は、通常の意味での「説明」ではない。それがめざしているのは、統一性としての「社会的なもの」は、抹消不可能な差異の統一性というパラドックスとしてしか登場しえないのを示すことである。もしコンタクトの継続が「ネゴシエーション」によって可能になるとしたら、そのネゴシエーションを可能にする共通の基盤にこそ、「社会的なもの」という名を与えることができるだろう。そしてさらに、その基盤を可能にするものは何なのかというように、問いを進めていくことも可能になる（進めていかねばならなくなる）はずである。一方社会的なものを差異の統一性というパラドックスとして捉えるならば、それはパラドックスのゆえにもはや何ものかへと差し戻すことのできない、創発的でそれ自体として実定的（positive）な存在として考えるしかないのである。

自己言及システムの多数性と結びつけつつ関係の統一性を考えることが、そもそもいかにして可能なのかが、疑わしくなってくる。関係そのものが、複雑性の縮減となる。これはすなわち、創発的システムとして把握されねばならないということである。（Luhmann［1984:154］）

DKにおける統一的関係は、二つの自己言及システム（自我と他者）の挙動から導出されるのではなく、創発によって、すなわち複雑性の縮減によって可能になる。では複雑性の縮減はいかにして可能になるのか、と問うてはならない。複雑性の縮減は、すでに（それ自体として）引かれている〈システム／環境〉の区別を前提としているからだ。複雑性の縮減を可能にする何かがあらかじめ存在しているわけではない。むしろ世界は、世界内に境界が引かれ、距離がつくり出されることによってはじめて可能になる。つまり、非全体化（De-Holisierung）、脱全体化（Entganzung）、制限、集中化、複雑性の縮減によって、である（Luhmann [1990a:617]）。

言い換えればこのような縮減は、〈自我／他者〉のパースペクティブの差異を架橋・抹消し、同一物を確立することを通してではなく、差異を残存させたままで、自動的に始まってしまうのである。

自我の予期のなかには他者の予期が登場してくるが（予期の予期）、その他者の予期のなかには、他者を予期する自我自身の姿が含まれている。自我が予期を確定するためには他者の予期を確定しなければならないが、そのためにはまず自我自身の予期を確定しなければならない。かくしてDKにおける予期の予期（の予期……）は、規定のための準拠点をどこにももたない、完全に空虚な円環を形成する。しかしそれゆえにこそ、この円環のなかにくり返し登場する他者の予期のどれかに関して規定のための手がかりがえられれば、円環の全体が一挙に規定されることになる。その手がかりは、例えば根拠となる「合意された価値」のように、必然的なものである必要はない。

固定した価値コンセンサスはまったく必要とされない。DK（すなわち、空虚な、閉じられた、規定不可能な自己言及）の問題は、まさしく偶然を吸収する。DKは偶然に対して敏感になる。価値コンセンサスが存在しないとしても、それはでっち上げられるだろう。（Luhmann［1984:150-151］）

規定の契機は、コンセンサスによって基礎づけられる必要がないばかりか、「真」である必要すらない。DKにおいては、単なる仮定がリアリティの確かさを産出する。というのは、その仮定は、他者の側での仮定の仮定を生じさせることになるのだから（Luhmann［1984:156-157］）。「他者による根拠づけが誤っていても、そのことに関する相互の確信に基づいて、ちゃんと一緒に生活していくことができる」（Habermas/Luhmann［1971:320＝1987:406］。ただし訳文は引用者）。あるいはより一般的にいえば、DKを含めたパラドックスの「解決」（Auflösung）のために必要なのは、正しい理論ではなく「十分に誤った理論（eine hinreichend falsche Theorie）」なのである（Luhmann［1986c:181］）。[13]

DKの円環のどこからであろうと、またどんな契機によってであろうと、局所的にもたらされた規定性は、空虚な円環を通して全体へと波及する。かくして「あらゆる端緒は容易である（Aller Anfang ist leicht）」（Luhmann［1984:184］）という名高い（悪名高い？）一節が導き出されてくる。

しかしこれは、DKの解決すなわち社会秩序の立ち上げを、任意のところから、恣意的な決断に基づいて始めうるということを意味しているわけではない。むしろ解決は意識的な操作可能性を受け付けないかたちで、常に始まってしまうというべきだろう。というのはコミュニケーションの前提となる〈情報／伝達〉の区別のゆえに、相手のあらゆる挙動が手がかりとなってしまうからだ。――時間が経過しているにもかかわらず何もしない、ということをも含めて、である。「……決定しないこと、構造変動の拒否もまた、決定となる。なぜなら、変動が可能なのだから」(14)(Luhmann [1971:38])。その意味で、時間こそがDKを非対称化する。時間の圧力が存在するがゆえに、DKが経験されるところではほとんど強制的に、ありそうにない秩序が成立することになる（Luhmann [1984:176]）。「あらゆるコミュニケーションは、相互的選択の過程を発動させるがゆえに、強制的に構造の形成へといたる。その構造が次には、さらなるコミュニケーションが可能となるための条件となる」(15)(Luhmann [1975b:12])。この点については第二章第8節で再度論じる。

時間の圧力のもとでDKの空虚さが「強制的に」打破された後ではじめて、「コミュニケーションの共通の基盤」「それを可能にするもの」などについて語ることができるようになる。あるいは、コミュニケーションのなかでの、予期と行動の回帰的な調整が事実としてなされ続けている限りにおいて、共同性の外観が維持されるのである。その意味で、「コミュニケーションが、《間主観性》といったもの（この表現を保持しようとしているならの話だが）の条件なのであって、間主観性がコミュニケーションの条件なのではない」(Luhmann [1990a:19])。

あるいは間主観性とは、「端緒」の場合と同様に、コミュニケーションの回帰的なプロセスのなかで生じる「固有値」であるといってもいい。サイバネティクス学者ハインツ・フォン＝フェルスター由来の概念である「固有値」は、晩年のルーマンの議論においてしばしばキーワードとして登場してくる。この文脈に即していえば、「十分に誤った理論」でもよい、それが現に用いられている限りは固有値として働くのであり、それが事後的に間主観性と見なされるという議論になる。例えば法の妥当について。通常の場合、法の妥当を保証するものは（あるいは、妥当の根拠は）何か、というように問題が立てられる。根拠がまずあって、そこから妥当が導出されるはずだ、と。したがって、根拠の〈真／偽〉によって〈妥当／非妥当〉が決定されることになる。一方固有値概念を踏まえるならば、次のように考えねばならなくなる。妥当するものは、妥当するがゆえに妥当する。これが最初にある。その後で、こう推測がなされるのである。それには十分な根拠があるはずだ、と(16)（Luhmann［1993a:373］）。

以上のようにルーマンにおいては、DKとそこで成立する社会的確実性との関係は、一種独特な性格を帯びることになる。すなわち、前者における自我と他者の作動から社会的確実さが導出されるのでもなければ、後者が前者の前提・基盤としてあらかじめ存在しているのでもない。また両者が、「弁証法」的な往復運動のなかで無限に変容し続けるといった関係を取り結ぶのでもない。DKにおける抹消しがたい差異と、その結果生じる規定不能性のゆえに、そこに社会的確実さが無媒介に接続されるのである。そして一度設定された社会的確実さは、以後の作動がそれに接続され続けている限り、いわば物質的な足場として機能する。次の段に登るために今現に足をかけている、はしごの段として働くのである。その限りにおいてそれは後続の諸作動の「根拠」として現われてくる。根拠は、それが根拠である（根拠として用いられ続ける）限りにおいて根拠である、というわけだ[17]。「そう考えるならば、根拠づけること（Begründen）が根拠を根拠づけることになる。逆ではない[18]」（Luhmann［1990a:391］）。

DKとその「解決」において何よりも確認しなければならないのは、抹消しがたい差異と空虚さの上に、異なるレベルの「確実さ」が直接覆い被さっているというこの重層的な事態が、常に-すでに成立してしまっているということである。

そうすると当然のことながら次のような疑問が生じてくるだろう。DKが常に-すでに「解決」され隠蔽されたかたちでしか存在しないとしたら、そもそもDKの空虚さについて論じる意味がないのではないか。「DKのそのような純粋状態は決して存在しないし、歴史的にも存在したことがなかったと反論することもできるだろう（自然法理論における《自然状態 status naturalis》の論証に対するのと同様に）」（Luhmann［1984:186］）。これに対するルーマンの答はこうである。

> しかしこの反論は、次のことを確証するだけである。全体社会はオートポイエティック・システムであり、その再生産に際しては、自分自身を前提としなければならないのだ、と。（Luhmann［1984:186］）

社会的なものは、何か別の次元へと差し戻されるのではなく、偶然的契機による規定性にさらなる作動が接続していくというかたちでのみ、すなわち他の何かによって支えられるのではなく自分自身を前提としつつ、再生産されていく。DKについて論じるのは、まさにこの「社会的なものは自分自身によってのみ支えられている」ということ、社会的なものの下に広がっているのは「大地」ではなく空虚であることを示すためなのである。

その意味ではルーマンのDKは、パーソンズのそれにおいて想定されていた「自然状態」とは異なって、説明のための装置ではない。ルーマンから見れば、自然状態における「万人の万人に対する戦い」のゆえに、社会契約なりそれを可能にする共通価値なりが必要となる云々という説明は、すでに再生産過程が進行しているという事実を踏まえてのみ可能になる。あるいは、DKの空虚がすでに隠蔽されている場合にのみ、社会的なものの起源としての自然状態＝戦争状態について語りうるのだといってもよい(19)。

われわれは先ほど、DKの空虚さと、それを隠蔽しつつ成立する社会的なものとの関係を、「複雑性の縮減」という言葉で表現しておいた。そして前章で明らかにしたように「複雑性の縮減」とは、あらかじめ存在する、それ自体としてより複雑な事態から、一定の関係を選び取ることではなかった。「より複雑な事態」は、〈システム／環境〉の線を引いて、両者の差異を「複雑性の縮減」として指し示すことによって、はじめて現われてくるのである。したがって「複雑性の縮減」を、例えば「複雑性を縮減することがシステムの存続のためには合理的である」といった別の基準によって裁断してはならない。「システム合理性」について語るには、複雑性の縮減を前提としなければばならないのである（Luhmann［1968＝1990］、「訳者あとがき」を参照）。

同様にＤＫも、それ自体として存在する事態としてではなく、〈社会的なものの確実さ／ＤＫの空虚さ・決定不能性〉という差異のかたち（形式）においてのみ、指し示されうる。この差異の投入によって示されるのは、社会的なものがそれ自体によって支えられており、何かから導き出されたり何かへと差し戻されたりはしないということ（のみ）なのである。アルチュセールの議論を想起しつつ、ＤＫは「社会的なもの」に、第二の「と」によって貼りつけられている「痕跡」であると述べてもいいだろう。

したがって、ルーマンが制度などの社会的なものの「発生」ないし「生成」に関する問いを無視しているとの批判は、ある意味では正しい（西原［1998:44–48］）。またルーマン自身も、「根拠づけ」の試みと同様、発生・生成に関する問いが無意味であるとかまちがっているとか主張しているわけではない。ただ、事実的なプロセスのなかで社会的なものがすでに前提とされてしまっているところから遡行するかたちではじめて、それらの問いが生じうるのだということを指摘しているにすぎないのである（次章における、機能分化社会の成立に関する議論も参照）。

7　ダブル・コンティンジェンシーの「克服」と諸現象の秩序

われわれはＤＫを構成する二つの単位を、自我と他者と呼んできた。しかしこれらは心的システムや人（Person）を、[20] ましてや具体的な人間を、指し示しているわけではない。自我と他者それぞれが満たすべき要件は、自己言及性を備えていること（それゆえに、外部からは見通しがたいこと）のみであった。そしてルーマンの「自己言及的システムの理論」は普遍的理論であり、社会学の対象すべてに適応できるものとして構想されている。したがってDKとその「解決」に関する議論、すなわち時間の圧力のもとでの事実的コミュニケーションの継起に基づく固有値としての秩序という発想は、秩序をもったあらゆる社会現象を論じる際の雛型として機能しうるのである。そのような応用事例のいくつかをフォローしておこう。

契約（社会契約ではなく、通常の契約一般）について。契約はいかにして可能になるのか。問題は契約の拘束力を支える根本規範でもなければ、契約を可能にする連帯でもない。それらによって契約の当事者たちが直面しているDK（相手が契約を守るなら私も契約を守る。私が契約を守る場合にのみ相手は契約を守るだろう）を克服することはできない。このDKの克服は次のことによって生じる。すなわち、契約状況のなかでのコミュニケーションが自己確定として評価・利用され、後続する行動に結びつけられることによって、である。一方の当事者は、他者の自己確定を前提にしうるという点で自己を自由だと感じうる。しかしどちらの側も、自己確定を避けるという自由はもちえないのである。この過程は法を必要としない（Luhmann［1981a:69-70］）。この最後の一文は、コミュニケーションが間主観性の条件なのであってその逆ではないという、先に引用した議論に対応している。要するに「拘束力の根拠は、偶発性と時間の両者がともに働くことにある」（Luhmann［1984:176］）というわけだ。

「ホッブズ問題」について。この問題はひとりでに解決してしまう。というのは、「万人の万人に対する戦い」を貫徹するのはあまりにも困難だからである。仮にある人が「万人に対する戦い」を望んだとしても、実際にそれを貫徹することは不可能である。手初めにある方向を攻撃すると、本人が望むと否とにかかわらず、たちまち「味方」が登場してしまうからだ。かくして、いつのまにか前線が、すなわち秩序ある戦争状態が形成されるのである。「しかもその形成は混乱にいたってから始められるわけではなく、それ以前からすでに始められているのである。あらゆるコンフリクトは構造化された社会を前提とする」（Luhmann［1969:101＝1990:106］）。アルチュセールも述べていたように、構造形成によって「自然状態」が克服されてはじめて、戦争状態について語りうるようになるのである。

階級について。かつての階層分化社会ならばともかく、現代の機能分化社会においても階級が存続しているのはなぜなのだろうか。[21] それは、機能分化が分配についての問いを規制しえないからである。機能分化したシステムは、もっぱら問題解決と資源調達へと向かう。その結果、分配に関する問題は偶然に委ねられることになる。だがこの種の秩序は、機能分化した全体社会自身にとってはあまりにも複雑である。それゆえ、あらゆるクラスター形成を受け入れることになる。他の観点においてすでに優先されているもの（経済にとっての教養の有無、権力にとっての〈所有／非所有〉など）を優先する、というようにである（Luhmann［1985:145］）。

DKの場合と同様、これらの議論は徹頭徹尾表層的であり、ともするとあまりにも楽観的に見える。あたかもあらゆる秩序は自然に成立するのであって、それ以上のいかなる説明も不必要であるかのように、である。しかしわれわれがルーマンから学び取るべきなのは、まさにこの表層性ではないだろうか。

われわれは常に、諸現象の「背景」、「根底」、「起源」を探ろうとする。これこれの現象が成立している。成立しているからには背後でそれを支える一般的なものが、あるいは何らかの根拠が存在するはずだ、と。一方ルーマンは、そのつど成立している事実的な事態を超えるような何かを、さらにはその事態の「起源」を想定することを、徹底的に拒否する。この態度を、徹底的な内在性の立場として性格づけることもできるかもしれない。一般的なもの、根底にあるものは、事後的な観察によってはじめて見いだされる。根底にあるもの、起源に位置するもの、媒介される以前の純粋なものは、遡行的にのみ構成され発見されるといってもいい[22]。DKの空虚な円環とその上に無媒介にかぶせられる具体的な社会秩序との間のギャップを隠蔽した後でのみ、媒介・起源・発生・生成について語ることができるのである[23]。それゆえにアルチュセールがいうように、

起源とか、「原産地」とか、生成、それに媒介という概念は、ア・プリオリに疑わしいものと見なされなければならない。……サルトルと、彼ほどの才能はないが「抽象的」諸カテゴリーと「具体的なもの」の間の空白を満たそうとするすべての人々が、起源、生成そして媒介を濫

用するのは、偶然ではない。（Althusser/Balibar［1965＝1974:81］）

ただしわれわれは、根拠や起源に関する議論がナンセンスであるとか誤っているとか主張するつもりはない。それらは、後続するコミュニケーションの前提とされている限りにおいて有効であり、場合によっては不可欠ですらある。(24) その点でむしろわれわれは、根拠や起源がもつ実定的な力を強調しているのである。とはいえ、その力はあくまで固有値としてのものなのであるが。

そしてルーマン理論や本書の議論自体の効力も、同様に固有値としてのものでしかありえない。社会理論にさらなるコミュニケーションが接続していく限り（たとえそれが、「まえがき」で述べたような破壊的反応であろうと）、理論は現実的な力をもつのであり、それ自体がすでに「実践」なのである。たとえ沈黙しか返ってこなかったとしても、「現代社会においては、なぜ社会理論は無反応しか引き起こしえないのか」といった論文を書くことで、学的コミュニケーションを続けることができるだろう。

その意味では、ルーマン理論の対象のみならずルーマン理論そのものもまた、「オートポイエティック」な性質を有しているのである。

ルーマンのDKは、「社会秩序はいかにして可能か」を説明するための装置ではなく、むしろその種の説明がいかにありそうにないかを示すものであった。その意味ではDKは、「反-説明」の装置なのである。同様の「反-説明」装置の例として、ラカンの名高い「囚人のゲーム」をあげることもできる。長くなるが、概要を確認しておこう[25]。

8 補論b：ラカンのゲーム

刑務所の所長が三人の囚人をとくに選んで出頭させ、次のような意見を伝えた。「きみたちのうち一人を釈放することになった。……ここに五枚の円板がある。そのうち三枚が白、二枚が黒というふうに、色だけによって区別されている。わたしはこのうちどれを選ぶか理由を言わないできみたちの背中に一枚ずつ円板を貼る。直接これを見ることはできない。ここには姿を映すようなものは何もないから間接的にも見える可能性はまったくない。きみたちは、仲間とそれぞれのつけている円板はとくと見ることができる。もちろん、きみたちの見たものをお互いに言うことは許されない。……釈放の処置の恩恵を受けるのは、最初に自分の色について結論をだしたものにかぎる。もうひとつ、きみたちの結論には論理的な理由づけが必要であって、単に蓋然性だけではいけない。このために、きみたちの一人が結論を言う準備ができたら、それを審議するための呼び出しを受けるためにこの戸口から出てもらいたい」。……三人の囚人にはそれぞれ白い円板が貼られた。……

三人の囚人は、いっとき考えた後で、いっしょに数歩前進し、並んで戸口を出た。彼らはそれぞれ次のような似かよった解答を用意していた。「私は白です。それがわかる理由を申し上げます。私の仲間たちが白である以上、もし私が黒であれば彼らはめいめいこう推論できるはずです、『もし自分も黒であれば、もう一人の仲間は自分が白だということがすぐにわかるはずで、そうすればただちに出て行ってしまう。だから私は黒ではない』。そこで二人とも自分が白だと確信していっしょに出て行ってしまうはずです。彼らがそうしないのは、私が彼らと同じ白だからです。そこで私は自分の結論を言うために戸口に進み出ました」。このようにして、三人は同じような結論の理由づけに力を得て同時に出て行った。(Lacan [1966 = 1982:263–264])

一見するとこの「ゲーム」では、各個人の合理的推論の相互作用から、「ネゴシエーション」を介してひとつの「全体的秩序」たる共有知が創発してくる過程が描き出されているように見える。しかし純粋に論理的に考えるならば、ラカンのこの議論は問題を孕んでいる。セミナーの翌日にラカンに反論の手紙をしたためたというあの学生のいう通りに、である。[26] そしてまた、この学生の議論のほうが、正統的なゲーム理論の立場からすれば、まっとうなものであるはずだ。「囚人のジレンマ」をはじめとする通常のゲーム理論では、各人の合理的推論から共通の（共に有利な）秩序が成立する可能性をいったん否定したうえで、反復的なトライアル・アンド・エラーのなかからその秩序が形成される蓋然性とその条件を探求するか、さもなければ「秩序の必然性」の仮定から、別のレベルに位置する秩序を天下り的に導出する、というように議論が進められるからである。

パーソンズのDKをめぐる議論が後者の典型であることは、今さら確認するまでもあるまい。ルーマンとの関連でいえば、ジャン＝ピエール・デュピイの議論を後者の例として挙げうるだろう（Dupuy［1990］。土方編［1990］に寄稿されたこの論文には、樫村［1998:6-8］も言及している）。またデュピュイは別の箇所で、ルーマンを次のように批判してもいる。ルーマンはシステムの作動を超越するものを一切認めないが、それでは規範的秩序の存在を説明できない。システムの自己超越（self-transcendence）によって生じる秩序、例えばハイエクのいう自生的秩序を考えることによってのみ、われわれは秩序のあり方を把握することができる、と（Dupuy［1988:56-67］）。

一方ラカンのゲームでは、この種の論理的推論にはない要素が付加されている。それは、時間の経過（あるいは、時間の「せき立て」ないし「性急さ」）のなかでの現実的な接触である。無限に与えられた時間のなかで、他人が動く／動かないという二者択一を手がかりとする論理的推論をおこなっている限り、例の学生の批判に見られるように、答の出ない堂々巡りのなかに留まらざるをえない。しかしこのゲームにおいては、他人より早く結論に到達しなければならない（あるいは少なくとも、他人に遅れないようにしなければならない）。この時間的圧力のゆえに各人は、場合分け手続によるシミュレーションを放棄し、自分の色については未決定にしておいたまま、何が起こるかを待つという状態に留まることになる。この未決定状態（待機する、あるいは躊躇するという第三の選択肢）のうちにある三人がお互いを注視しあうことによって（そこでは、何もしないこともまた必然的に情報価値をもつことになる）、個人の推論によっては到達不可能な「真理」（三人とも白）への跳躍が可能となるのである。(27) この跳躍を可能にするのは、あらかじめ間主観的に分有されている知識や規則でも、個人のうちに備わっている能力でもなく、また共同体と個人を同時に産出する、特定の行為（例えば、契約）の本質でもない。「真理」をもたらすのは、限られたタイム・スパンのうちで、確実な根拠をもたないまま他者との現実の出会いに自らを賭けること、すなわち「転移」ないし「愛」なのである。

> したがって転移とは、幻想である。しかし肝心なのは、われわれはそれを飛び越えて(bypass)、直接**真理**(the Truth)に到達することができないという点である。真理そのものが、転移に特有の幻想を通して構成されるのである。(Žižek [1989:57]。ただしゴシックは原文)

転移が何によって可能になるのか（いかに説明されうるか）と、問うてはならない。コミュニケーションは、例えば間主観性といった何ものかに支えられて成立するわけではなかった。同様に、そもそも何かによって転移が可能になるわけではない。「個人」を超越する何かが――あるいはより一般的にいえば、およそ「システムの自己超越」が――可能になるとしたら、それは転移ないしコミュニケーションによっているのであって、逆ではない。[28] したがって、社会システムを形成する作動であるコミュニケーションは、超越できない。コミュニケーションを超越し、それを可能にしたり不可能にしたりするように思われるあらゆるもの（例えば、規範）は、コミュニケーションの内部で生じるのである。その意味では、コミュニケーションは放棄されえない。コミュニケーションの不断の接続を「社会システムのオートポイエーシス」と言い換えるならば、以上述べてきたことは、次のように要約できるだろう。「規範の放棄不可能性――それは、システムのオートポイエーシスである」（Luhmann［1992b:23］）。

さらにコミュニケーションは、コミュニケーション以前にある何ものかへと差し戻されえないのと同様に、コミュニケーション以後に来るものによって、すなわちその結果や「機能」によって正当化されもしない（「機能」については次章冒頭で論じる）。ベイトソンにとっては「ランダム性を減じることが、コミュニケーションの本質であり、その存在理由」だった（Bateson［1972＝1990:204］）。一方ルーマンは次のように指摘している。コミュニケーションの成立を、それが単体による情報収集よりも効率的だから云々というかたちで説明しようとする議論は、コミュニケーションのオートポイエーシスを、あるいはコミュニケーション・システムの作動上の閉鎖性を、説明してくれはしない。一般に、機能について述べたからといって、何かが存在することを、あるいはそれがどんな構造によって可能になるかを、説明したことにはならない。ましてや環境における要件やメリットについて述べることによって、システムがいかに機能するかを説明することはできない。その説明はシステム内部に求められねばならない（Luhmann［1997a:193］）。コミュニケーションはそれが形成するシステム内部において、すなわちコミュニケーションがコミュニケーションに接続していくという事実そのものだけによって、説明されねばならない。システムの存続やその要件、環境への適応といった理由は、事後的に持ち出されるものなのである。

そして以上の議論は、学システムという自己言及的に閉じられたシステムにおいて営まれる、ルーマン由来のシステム理論に関しても妥当する。現にこの理論をめぐるコミュニケーションが継続しているという事実の外側に、この理論の当否を判定しようとする何らかの基準を求めようとしてはならない。この理論が明らかにしようとしているのは、その種の基準を支えているのが、他ならぬコミュニケーションの事実的な継続であるという点なのだから(29)。

第三章　機能分化

1　機能と機能分化

ルーマンの議論の出発点は、常に「差異」であった。システムと環境の差異、情報と伝達の差異、自我と他者の差異。全体社会のなかで生じるさまざまな現象について論じる場合でも、事は同様である。前章の議論は、この点でむしろ誤解を招くものだったかもしれない。そこではDKの空虚の上にそれ自体として被さってくる「社会的なもの」が、あたかも一枚岩の均質な存在であるかのように扱われていたからだ。〈DK／社会的なもの〉という、ただひとつの区別だけを用いて議論が進められてしまったといってもいいだろう。社会的なものについて論じられる際にも、「差異を差異へと変換する」という差異理論の立場が厳格に保持されねばならない。したがってわれわれはいまや、「社会的なもの」の内部に引かれた差異へと目を向けねばならない。すなわち、社会の内部において引かれた〈システム／環境〉の差異について考察しなければならないのである。

社会の内部において（すなわち、〈（社会）システム／環境〉という区別の前項の側で）再び〈システム／環境〉という区別の線が引かれている状態を、「社会分化」と呼ぼう。現代社会が、以前の諸社会と比較してきわめて複雑かつ多様に分化した社会であるという点に関しては、異論の余地がないだろう。その分化を考えるためには、〈垂直方向／水平方向〉という二つの軸を設定できるように思われる。すなわち全体社会というマクロな枠組のなかで、ミクロな対人関係からなる多様な相互行為システムが分立しているという事態を想定し、さらに両者の間に何らかの中間規模のシステムを挿入する。ルーマンに即していえば、〈相互行為／組織／全体社会〉という区別である。この三者は大が小を包摂するという関係にあることになる。この〈ミクロ／マクロ〉の軸に沿った社会分化は、ある意味ではいかなる時代においても見いだされるものであって、現代社会を特徴づけるものでは必ずしもない。(1)

他方で現代社会を、さまざまな異なる機能領域へと分化した社会と見なすこともできる。ルーマンは分化した機能領域として、「政治と行政、宗教、経済、残留している家族機能、学、教育、歓談、看護など」を列挙している（Luhmann [1981a:366]）。その場合諸機能は互いに代替不可能であり、ある機能領域が他の領域に包摂されるようなことはない。したがって諸領域の関係は水平的である。ルーマンによれば、現代社会を以前の社会から際だたせているのは、この諸機能に即した分化様式である。すなわち現代社会を対象とするルーマンの分析の出発点は、現代社会は機能分化した社会であるということなのである。

では「機能分化している」とはどういうことなのか。あるいはそもそも「機能」とは何なのか。ここでわれわれはいささか込み入った事態に直面しなければならない。というのはルーマンにおいては「機能」という言葉は、異なった二つの文脈のなかで登場してくるからだ。

第一に、「機能分析」ないし「機能的方法」における機能概念がある。主として初期ルーマン理論（一九六〇年代—一九七〇年代前半）において展開されたこの文脈では、機能は「さまざまな問題解決の等価性を判定するための視点」（Luhmann [1968:120 = 1990:82]）と定義される。そこでの機能概念は、「一定の構造的パターンの維持や崩壊、ある構造パターンから他のそれへの移行の典型的な過程などを『説明』するメカニズム」（Parsons [1951 = 1974:27]）の問題、すなわち所与のシステムが存続していくための条件という問題から切り離されて、純粋に比較のための視点へと抽象化されていた。現存のシステムのメルクマールである所与の構造が維持されていくために満たされねばならない機能を考えるパーソンズの構造-機能主義とは異なって、ルーマンの議論ではその構造そのものの機能（それに基づく代替可能性）についても問うことができる。これがルーマン初期の旗印のひとつであった、「構造-機能主義から機能-構造主義へ」という議論である。これを、諸部分が全体のために奉仕するという、あるいは現存の秩序を保持するために諸部分の活動を制限すべきだという、保守的な（もしくは「全体主義的」な？）発想から離れようとする試みと解釈することもできるだろう。

さらに機能‐構造主義こそが、所与の社会構造を自明視できなくなった現代社会にふさわしい理論であるとの評価も可能なはずだ[2]（佐伯［1995:226］）。

ところが第二の文脈においては、いささか事情が異なってくる。そこでは機能は、分化したシステムが取り結ぶ三種類の関係のうちのひとつとして定義されている。すなわちシステムが自分自身と関係する反省（Reflexion）、他の機能システムとの関係である遂行（Leistung）に対して、自己が所属する包括的システムとの関係が「機能」と呼ばれている。〈反省／遂行／機能〉というこの概念セットが用いられるようになったのは一九八〇年代に入ってからであるが、近年ではそれが次のように定式化し直されている。「われわれは（下位システムによる）総体システムの観察を機能、他のシステムの観察を遂行、システム自身の観察を反省と呼ぶことにしよう[3]」（Luhmann［1997a:757］）。

ここにおいて、初期ルーマンの機能‐構造主義が回避しようとしていた、あらかじめ存在する「全体」との関係が復活しているように見える。下位システムは全体との関係を取り結ぶことを通して（も）、自分自身を規定する。したがって全体を維持するために何らかの貢献をなさねばならないはずである。その貢献が「機能」と呼ばれるのではないか、と（小野［1983:61‐62］）。

まさにこの点こそが、ルーマンの機能分化論の核心部に関わってくることになる。結論からいえば機能分化について語るのは、その種のあらかじめ存在する「全体」を徹底的に排除するためなのである。ここではとりあえず「全体社会」は下位システムが取り結ぶ関係の宛先ではなく、むしろそのような関係の総体であるとだけ述べておくことにしよう。その点で機能は、確固たる宛先をもつ遂行とは質的に異なっているのである。遂行の場合、あらかじめ存在している二つのシステムの関係について語ることができる。しかし機能に関してはそうはいかない。機能の宛先である全体社会のなかには、その機能を担うシステム自身と、そのシステムが取り結ぶあらゆる関係とが含まれているはずである。(4)したがって遂行の場合のように、自身「と」全体社会の関係について無前提に語るわけにはいかないのである。「自身」も「と」も、当の全体社会の一部なのだから。

機能と遂行の混同は、《テクノクラティック》な社会理論に典型的な誤りである。そこでは全体社会が、遂行の受け手の一種であると見なされている。しかし遂行の担い手自身が、その全体社会の一部なのである。(5)（Luhmann［1981c:82］）

第二の文脈における機能に話を絞ることにしよう。機能分化したシステムには、それぞれ特定の問題が割り振られている。例えば政治システムには集合的に拘束力をもつ決定の可能化が、経済システムには希少性を増大させることを通しての希少性の減少が、学システムには新たな真なる知識の産出が、法システムにはコンフリクト状態にある複数のパースペクティブを法の形式で処理する可能性が、宗教システムには無規定な複雑性を規定された複雑性へと変換することが、というようにである（Krause［1999:111］の記述を参照した。ルーマン自身の定式化は、ケースごとにやや異なっているようだ）。それぞれのシステムのアイデンティティは、特定の構造や組織のうちにではなく、それぞれの問題に関するさまざまな解決策を比較しつつ、そのつどの状況のなかでふさわしい解決策を選択・代替していくことのうちにある。この比較・選択・代替のための観点を形成する問題が、各システムに割り当てられた「機能」と呼ばれるのである。その意味では第二の文脈における機能概念は、基本的に第一の文脈でのそれ、すなわち等価なものどうしを比較する観点という概念と同一であるといえよう。

しかしなぜこの意味での「機能」が、下位システムと全体社会との関係を形成するのだろうか。それは各々の問題解決をめぐって全体社会内で生じるコミュニケーションのすべてが、当該のシステムに所属するからである。政治をめぐるコミュニケーションは、家族内で生じようと会社組織において生じようと、それら小集団や組織の論理ではなく、政治そのものの論理に即して接続していく（むろん、集団・組織の論理による接続が常に生じてもいるのだが）。かくして機能は、全体社会に散在するコミュニケーションをひとつのシステムへと束ねる観点となるというこの意味において、全体社会との関係を形成するのである。機能分化した社会とは、全体社会を形成するコミュニケーションが、集団や組織やそれらが形成する関係（同等な集団どうしの関係や、上下の階層など）によってではなく、機能に即して接続し、秩序を形成する社会のことなのである。そして機能によって整序される秩序は、常に等価なものとの交替可能性へと開かれているがゆえに、根本的に偶発的で選択的である。[6]その点で機能分化社会は、環節分化社会や階層分化社会とは区別される。

ただしひとつ注意が必要である。環節分化社会・階層分化社会・機能分化社会と列挙するや否や、われわれは各々の分化様式を他から区別するメルクマールについて、それぞれの関係について、そしてひとつの分化様式から他の分化様式への変化を生ぜしめた原因についてなどの問いを立てたくなる。もちろんそれらは正当かつ実り多い問題設定である。しかしそのような問いが発せられるとき、われわれはすでに機能分析の圏内に位置してしまっている。すなわち、社会の秩序化という特定の問題に関する等価な、しかし副次的効果においてはそれぞれ異なっている解決策を比較し、相互の代替可能性と代替不可能性とを考察しているのである。したがって機能分化は、分化様式に関する問いの対象であると同時にその前提でもある。機能（＝関数）について論じられる際に常に引き合いに出されるカッシーラーの例の定式化、すなわち「実体概念から関数（機能）概念へ」にしても、この変遷自体が機能的交替として記述されうるのである（Luhmann［1992b:133］）。

われわれは第一章において、「なぜ複雑性の縮減が生じるのか」などと問うてはならないということを強調しておいた。そのような問い自体が、複雑性の縮減を前提としているからである。同様に、「機能分化社会は、複雑性の実現という点で階層分化社会よりも優れている。それゆえに社会が複雑化するにつれて機能分化が支配的になる」などの言明は、機能についての学的考察というよりも、機能的観点の貫徹によって可能になるシステムの自己観察であり、社会学にとっては観察（観察の観察）の対象なのである。

社会学の議論が機能分化や機能的特殊化といった概念に定位している以上、次のような観念が生じてくることになる。すなわち、機能そのものが当該のシステムの分出の主導動機として働いているのだ、と。分化を有利な分業という範型にしたがって扱っている限り（デュルケームをあげておけば十分だろう）、それでよかったのである。その種の分業の有利さを、進化上のアトラクターと見なすことができた。それは、対応するマクロな秩序が実現可能である限り、進化のなかで自己を貫徹するのである、と。しかしこの種の、背景としてはまだ有効だった進歩のイデオロギーが脱落するとともに、また一九世紀の経済に定位した全体社会概念が脱落するとともに、そのための前提も脱落した。さらに機能概念をもはや、適切な手段の投入によって因果的に達成されうる目的として捉えられなくなることによっても同様である。機能概念を因果的ないし目的論的に理解するならば、問題は、当該の意志を貫徹する能力のうちにのみ、あるいは当該の知識を用いうる可能性のうちにのみあるということになるだろう。機能的等価物へと眼差しを向ける機能理解においては、次のような問いが加わってくる。そもそも比較に関心が向かうのか否か、またそれはどんなきっかけによってなのか、と。（Luhmann［2000b:82］）

あるいは、われわれは環節分化から機能分化へといたる社会の進化について語っているのではなく、そのような進化のなかで語っているのだといってもよい。そしてこれは過去についての言明にだけでなく、未来に関する言明に対しても妥当する。機能分化を近代社会のメルクマールと見なし、その弊害を指摘・批判しつつ、それに替わるべき新たな秩序像を提起するといった議論は、社会学の誕生以来今日にいたるまで、くり返し登場してきている。ウルリッヒ・ベックの提起する「再帰的近代化」論を、今日におけるその代表格のひとつと見なしてもよいだろう。

なぜモダニティが〔機能分化した各システムの〕自律化のなかで疲弊し、最後にはルーマンが論じるような「自己言及性」へと行き着かねばならないのだろうか。その反対のものに焦点を当てることによって、新しく豊かな基盤を発見できない理由があろうか。反対のものとはすなわち、相互関係、文脈的理解、境界を越えるコミュニケーションに基づく専門化のことである。現代のシステム理論における自律性の仮定は、自閉症まがいにまで高められているため、基本的な九九しかできなくなっている。小数点以下の計算は、ある自律性が他の自律性と交差結合(cross-link)されるところ、ネゴシエートする制度が登場するところなどでスタートするのではないか。おそらく再帰的近代化は、分化と解体(dissection)の論理が終わり、それが媒介と自己限定の論理と結合され対比されるところで始まるのではないか。(Beck [1994:24-25 = 1997:50-51]。ただし訳文は引用者)

媒介と自己限定によって形成される新たな秩序こそが、専門家の専制・暴走や環境問題への無配慮といった点で行き詰まりつつある近代社会に取って替わるべき、「再帰的近代化」の原理である、というわけだ。しかしまさにこのような思考法こそが、特定の問題をめぐる観点のもとで現存のものの代替可能性を考えるという、機能主義の圏内を動いているのである。

より一般的にいえば、機能主義に対する批判は不可能である。機能の原理そのものが、「オルターナティブ」の探求を含意しているがゆえに、批判を促すからである。「批判」や「オルターナティブ」は、機能秩序に属しているのである[7](Luhmann[1984:464])。

したがって、「ポスト」機能分化社会について語ることはできない。ベックやジグムント・バウマンのように(Bauman[1991:46])、「ポスト」像として、一度は分割された諸部分が取り結ぶゆるやかなネットワークのごときものを考えるにせよ、あるいは分割される「以前」の濃密な連続体〈共同体〉の復権を考えるにせよ、である。それらは機能分化に対するオルターナティブとしては、根本的なパラドックスを内包している。というのは機能分化に対するオルターナティブであるためには、機能秩序の外部に留まらねばならない。しかし機能的視点の及ばないところに位置するのであれば、それは「オルターナティブ」としてのインパクトをもちえないのである[8](Luhmann[1984:465][1990c:236])。

したがってわれわれは機能秩序の由来についても、また「ポスト」機能秩序についても、有意味に語ることはできない。

〈機能分化以外に〉まったく別の可能性があったのかどうかと問うてみても無駄である。また同様に、《ポストモダン》に移行することができるのかとか、われわれはまさにそこへと移りつつあるのではないかなどと問うてみても無駄である。……意味のある問いは、こうでしかありえない。機能的特殊化のうちには不可避的に冗長性の放棄が含まれているが、われわれはそれをこれまで以上にうまく利用できるのか、と。(Luhmann [1986a:219])

ただしこれはもちろん、機能分化社会が「歴史の終わり」であるということを意味しない。しかしわれわれは「以前」に関しても「以後」についても、すでに機能によって分割された社会のなかで、抽象的な機能的観点を前提として思考するより他に術はないのである。

2　機能分化と閉鎖性

機能分化秩序においてはコミュニケーションは、例えば発話者が所属する階層やその階層独自のパターンによってではなく、特定の問題解決への寄与という抽象的観点によって組織される。そこではコミュニケーションは、その問題解決のために特化した論理で接続していくのである（とりあえず、専門家どうしの会話を考えてもらえばよい）。その意味で機能に即して分化したコミュニケーションよりなるシステムは、他のシステムに対して閉じられている。それはあくまで自己の論理に基づいて流れていくのである。ただしこれは、このシステムが自己の挙動を完全にコントロールしうるということを意味するわけではない（後述）。

機能分化したシステムの閉鎖性は、それに属するあらゆるコミュニケーションが、特定の区別〔二分コード〕に則して生じるというかたちで実現される。「どの機能システムもその統一性を、自身にとってのみ妥当する二分コードに定位するということのうちに有している」(Luhmann [1986a:253])、というわけである。例えば学システムに属するコミュニケーションは、常に〈真／非真〉(wahr/unwahr) というコードを前提としつつ接続し、組織化されていく。法システムにおいては、常に〈合法／不法〉(recht/unrecht) に即してコミュニケーションが組織されていく。さらに経済システムのコードは〈支払い／不支払い〉であり、宗教システムのコードは〈内在／超越〉である、など。コードの使用と機能分化とは、表裏一体である。

特定の二分コードが用いられるのは、コード化されるべき作動〔＝コミュニケーション〕が対応する機能システム内を流れていく場合であり、またその場合のみである。また逆に、全体社会の機能システムがそれに関わるすべての作動にとって普遍的な関連性をもつにいたるのは、特定のコードの作動へと自己を特殊化することを通してである。(Luhmann [1986a:80])

むろん法システムにおいても他のコード〔例えば、〈有益／無益〉〕が用いられることはあるし、また〈合法／不法〉のコードが法システムの外において登場してくることもある。しかし前者の場合、他のコードはあくまで〈合法／不法〉を踏まえた二次的コードとしてのみ用いられる。いわゆる

「利益法学」においても、法が利益保護の手段として把握されているわけではない。そこで問われているのはあくまで適法的な利益と不適法な利益の区別であり、根底にあるのは〈合法／不法〉の区別なのである（Luhmann［1997a:755］）。また逆に「合法か不法かと問うことは、いかなる利益をもたらすのか」と問われるならば、そのときには法のコードを別の区別によって裁断しようとしていることになり、もはやそのコミュニケーションは法システムの内部において接続しているのではない。

このように法システムは、あくまで〈合法／不法〉のコードを通してコミュニケーションを組織する。逆にいえばこのコードを踏まえさえすれば、いかなるテーマを扱うコミュニケーションであろうと、法システムに帰属されうるのである。その意味で機能システムは、柔軟であると同時に頑固でもある。「どの二分コードも普遍的妥当性を主張するが、ただしそれは自己のパースペクティブにとってだけの話である」（Luhmann［1986a:207］）。あるいは機能システムは、開かれている（あらゆるテーマを扱いうる）と同時に閉じられている（自己のコードを通してしかテーマを扱えない）。正確にいえばシステムは、閉じられていることによって開かれているのである。(9)

この「機能分化したシステムの閉鎖性」というテーゼに対して、ハーバーマスとの論争時から「オートポイエティック・ターン」以降にいたるまで、数多くの批判が浴びせられてきた。「後期」に関していえば、批判は二つに大別できよう（実は両者は密接に関連しているのだが）。

第一に、いわば純論理的な批判。すなわち、「オートポイエーシス」の概念をめぐる批判である。

周知のように後期のルーマンは、マツラナとバレラの構想を取り入れて、自己の理論の対象である意味的に作動するシステム（社会システムおよび心的システム）を、オートポイエティック・システムとして性格づけるようになった[(10)]。ここではさしあたり、オートポイエティック・システムとは自己を構成する要素を当の諸要素の回帰的ネットワークのなかで生産・再生産するシステムである、としておこう。したがってオートポイエティック・システムは、閉じられた自律的なシステムであるということになる。

コミュニケーションからなる社会システムがこのオートポイエティック・システムとしての性格をもっていることは明らかだろう。というのは、コミュニケーションは単独のできごととしてではなく、他のできごとにおいて〈情報／伝達〉の差異として理解されることによって、すなわち他のコミュニケーションに接続するかたちでのみ、生じうるからだ。コミュニケーションは、過程の要素としてのみ要素なのである（Luhmann［1984:199］)。したがってコミュニケーションよりなる、そしてすべてのコミュニケーションを包摂する全体社会は、オートポイエティック・システムである。

コミュニケーションが成立する場合には常に、全体社会が形成されている。逆にコミュニケーションは孤立したできごととしては生じえない。それは他のコミュニケーションを回顧し先取りすることを通してのみ、すなわち全体社会のなかでのみ、生じうるのである。（Luhmann［2000b:16］）

さらにルーマンは全体社会のみならず、その内部に位置する、特定の二分コードに基づくコミュニケーションよりなる機能システムをもまた、閉じられたオートポイエティック・システムと見なしている。例えば法システムがシステムであるのは、それが法に関連するコミュニケーションを調整し、相互に正統化せしめる限りにおいてのみである。経済は、支払いという作動が支払いを生産する限りにおいてシステムである（Luhmann [1986a:178]）。法システムを構成する法的コミュニケーションも経済システムの構成要素である支払いも、相互関係ないし生産-再生産のネットワークのなかでのみ生じうる、というわけだ。

しかしだとすると、全体社会は閉じられたオートポイエティックな諸システム（全体社会の内部において機能分化したシステム）よりなる、やはりオートポイエティックなシステムである、という結論になる。これはオートポイエーシス概念そのものと根本的に矛盾する事態ではないだろうか。オートポイエティック・システムは、その構成要素を要素間の回帰的なネットワークのなかでのみ生産・再生産するシステムであった。したがってそれらの要素は、それ自体として、単独で存在しうるものではないはずである。ところがルーマンの機能分化論によれば、全体社会の内部に閉じられた、自律的な機能システムが存在していることになる。

オートポイエティック・システムから別のオートポイエティック・システムが成り立つということはありえるのだろうか。ありえるとしたら、それはいかにしてなのか。例えば脳は細胞からなっていると考えてよいのか。社会は人間からなるのか。あるいは、分化したシステムが別のオートポイエティック・システムからなるということは可能か。ある意味ではこの問題設定自体が、オートポイエーシス概念に矛盾しているのではないか。（Luhmann［1987d:318＝1993:119］。一部改訳）

この矛盾を回避するには、次の二つの選択肢のうちのどちらかを選び取らねばならないように見える。すなわち全体社会をオートポイエティック・システムでないと見なすか、それともオートポイエティックな性質を有しているのは全体社会のみであって、機能システムは相対的な閉鎖性、相対的な自律性しかもたないと考えるか、である。

この問題をめぐっては、「ルーマン学派」の内部でも意見が分かれている。[11] 例えば法システムを対象とするグンター・トイプナーの議論（Teubner［1989＝1994:48］）は、基本的には後者の立場（法システムの閉鎖性は相対的であり、完全なものではない）を取りながら、なおかつ法システムの自律性をも確保しようとする試みとして位置づけられうる。トイプナーによれば、法システムを構成する諸要素（法手続、法的行為、法規範、法解釈学）も、それぞれ自己の論理に基づく回帰的ネットワークのなかで自分自身を再生産するという、オートポイエティックな性格を有している。ただしこのレベルでのオートポイエーシスは完全ではない。法規範は確かに自己の論理に基づいて自分自身を再生産していくが、同時により広い社会的コンテクストのなかで、より一般的な社会規範に基づいてそうするのである。したがってこのレベルにおける閉鎖性・自律性は完全ではない。しかしそれぞれ相対的に閉じられたそれらの構成要素どうしの間にもまた、円環的な関係が成立する。法規範は法的行為を規制するが、法的行為によって法規範は常に変化していく。さらにこのサイクル自体を規制するのが法解釈学と法手続であり、また逆にサイクルの動きが後二者に影響を及ぼしそれらを変容せしめる、というようにである。それぞれ回帰的に自己を生産する諸要素からなるこの高次の回帰的ネットワーク（トイプナーはこれをマンフレート・アイゲンにならって「ハイパーサイクル」と呼んでいる）においては、閉鎖性と自律性はより完全なものとなる。したがってこのネットワーク全体を「オートポイエティック・システム」と呼ぶのは適切である。かくして法システムは、全体社会から完全に独立しているわけではない（その一部である）と同時に、オートポイエティックな自律性を、すなわち非法的な諸関係や自然法的根拠づけから自由であって法内在的にしか自己を再生産しえないという状態を、達成するのである（Teubner［1984＝1990:253］。図1参照）。

ルーマンはこのトイプナーの構想を有望かもしれないひとつの試みとして評価しながらも、自身はよりリジッドなオートポイエーシス概念を守り抜こうとしている。すなわち、システムはオートポイエティックであるかないかのどちらかであって、より多く／少なくオートポイエティックであるなどという事態は存在しない、と（Luhmann［1987d:319＝1993:120］）。

この場合、オートポイエティック・システム（全体社会）を構成する要素（機能システム）が自律したシステムであるという矛盾は、次のように解決されることになる。この矛盾が生じるのは、個々

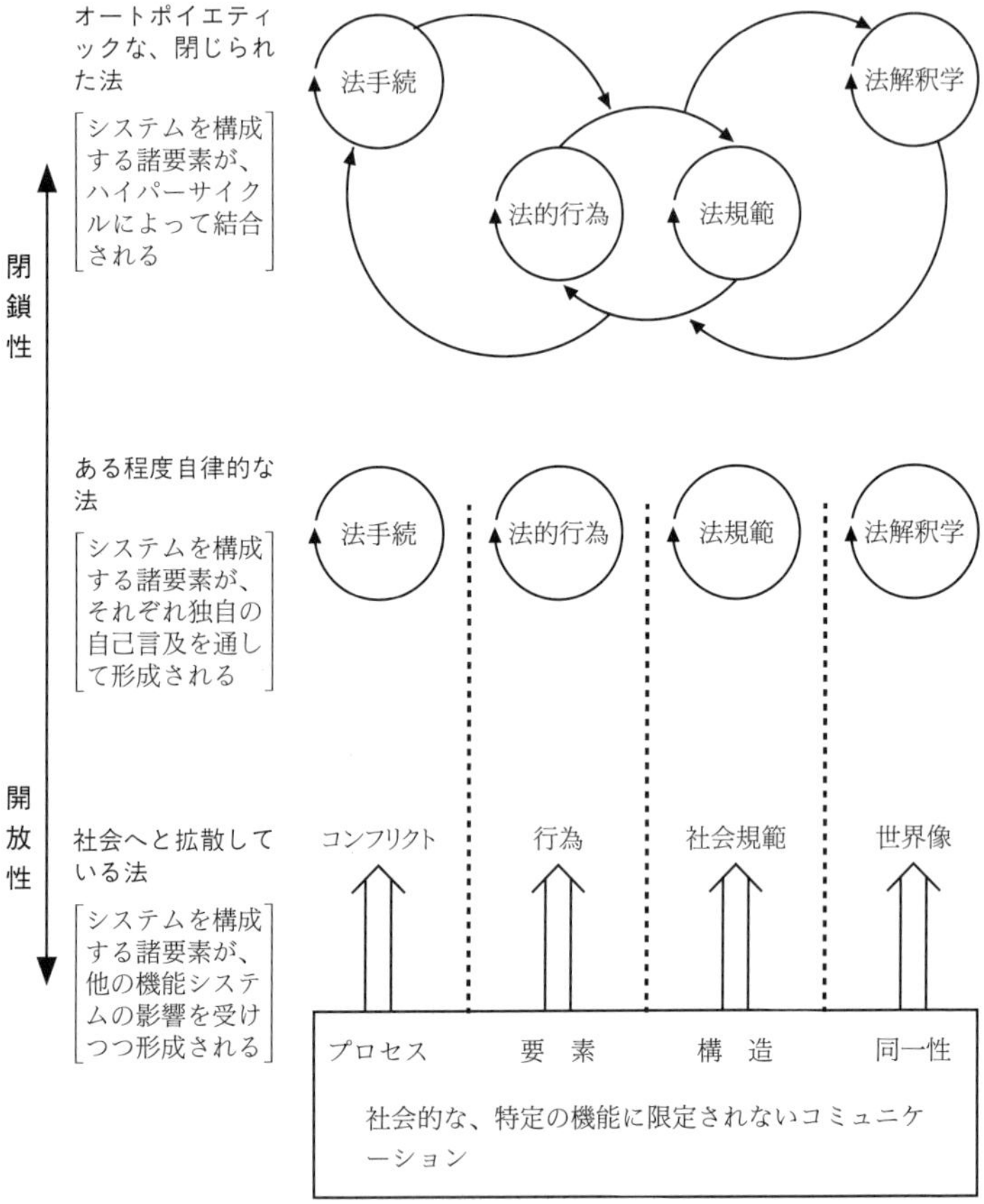

図１　法の自律性の諸段階

Teubner［1987:108］を元に作成
（原図は Teubner［1989=1994:67］と同一）

の機能システムが、全体社会が位置するのと同一の空間を下位分割するかたちで生じてくると考えるからである。しかし両者は構成要素が異なり（コミュニケーション一般／コードのもとでのコミュニケーション）、別々の空間に位置するシステムなのである。むしろ両者は、同一対象の異なる相に位置しているのだというべきかもしれない。というのは、〈合法／不法〉のコードは普遍的であって、全体社会内部で生じるあらゆる事象をテーマとして扱いうるからだ。あるいは、下位システムは機能への排他的定位によって全体社会のオートポイエーシスをコピーする、と述べてもよい（Luhmann［1988c:27］）。ただし、このコピーは原寸大である。つまりコミュニケーション総体からなる全体社会と同じ外延を有するのである。したがって二種類の全体社会が存在することになる。すなわち、法システムから見た、法システムが占める空間の内部に位置する全体社会と、全体社会「それ自体」である。

われわれはこの二種類の全体社会の区別という論点こそが、ルーマンの機能分化論を理解する鍵であると主張したい（後述）。

「機能分化したシステムの閉鎖性」テーゼに対する第二の批判は、より実質的なものである。現代社会において、法をはじめとする各機能システムを、自己の論理のみに則して動いていく閉じられた自律的存在として把握することははたして適切だろうか。それでは機能システムを物象化してしまうことになるのではないか、と。「新しい社会運動」と関連させつつルーマン理論について論じているカイ＝ウーヴェ・ヘルマンは、ルーマンの閉鎖性概念は一般に次のように受け取られていると指摘している。

機能システム特有の、ある問題領域への到達可能性こそが、他のすべての領域への到達不可能性を意味している。《正当な無関連性の敷居》……を越えないものは、システムにとっては情報ではなくノイズである。各々の機能システムはいわば、欲することをなすのである。システムを危険に陥れたり破壊したりすることなく外側から停止させる可能性は、存在しない。(Hellmann［1996:61］)

したがって閉鎖的な機能システムは、自己以外の何ものにもわずらわされずに、自己の論理にのみ則して動いていくということになる。法システムは、法的観点に習熟し法的観点のみを重視する専門的な法律家によって運営されていく。「生活者の観点」などを持ち出して法の暴走を規制しようとしても無駄である。あるいは環境問題の切実さを訴えて、それに対応しえない現在の法のあり方を改変する必要を叫んでみても無意味である。なにしろそういったシステム外からの声に応えるか否かを決定するのは法自身であり、法自身が定めた敷居を越えないものは「情報ではなくノイズである」ということになるのだから。

これは確かに、高度に分化して専門家の手によって運営されざるをえなくなっている現代社会の作動様式の一面を適切に記述してはいる。しかし同時にそれはあまりにも一面的ではないだろうか。

現代社会においては各機能システムがそれぞれの論理に即して動いているのは当然だとしても、同時に諸システム相互の関係が著しく緊密化もしているはずである。もはや政治が経済のことを考えずにすむなどということはありえないし、法も単に条文に即して判決を下すだけでなく、例えば「被害者感情」という、それ自体は〈合法／不法〉の区別になじまないような事態をも積極的に考慮に入れるよう求められている。このように各機能システムは、自律性と同時に相互依存性をも高めつつある。この複雑な事態を無視して、システムの自己言及的閉鎖性・自己再生産性・自律性のみを強調するのはあまりにも一面的である。ルーマンの議論では、機能分化したシステムの運営は専門家に任せておけばいいのであって、門外漢や素人が口を出すべきではないという結論になる。かくしてシステムは物象化・実体化される。外的な要素に刺激されてダイナミックに自己を変革していく可能性を奪われてしまうのである。これこそ「テクノクラートのイデオローグ」の物言いというものではないか。

この種の批判にはそれこそ事欠かない。先に引用したベックの議論は、その典型であろう。ルーマンの理論は現代社会の一面のみを強調していて、現在生じつつある（生じるべき）変化、すなわち機能分化が後退し諸システムがより緊密に結合していくという側面を無視しているというわけだ。さらなる例として、いずれもルーマンの法システム論に関する、三人の論者によるコメントを引いておこう。(12)

ルーマンのように「法システム」を全く「自己準拠システム」と捉えてしまうと、「法システム」の固有論理を統制してゆくアクチュアルな生活連関の意義は単なる偶発的な「ノイズ」にすぎないものと考えられざるをえまい。（中野［1988:119］）

最近のルーマンは、システムの「自己準拠性」・「自己塑成性」を強調することによって、法システム外の、「もろもろの解決を方向づけ、正統化し、裁可する」連関を、「法の社会学的考察」の外に置こうとする。（村上［1990:74］）

ルーマン教授の場合にはこうした（法の）政治システムへの開放という実践的な結論に行かずにもっと出口のない隠蔽するしか方法がないといったペシミスティックな結論に終わる。（棚瀬孝雄の発言。河上編［1991:61］）

われわれは以上のような論難に対して、これらの論者が次の二つの論点を十分に検討することなく議論を進めてしまっているのではないかという疑念を提起したい。以下ではまず機能分化したシステムの閉鎖性は、自己完結性・自足性・自身を「ノイズ」にわずらわされずにコントロールする能力などを意味するのかどうかを検討してみよう（第3節）。次に、ルーマンはある機能分化システムと他のシステムや全体社会が取り結ぶ関係を二重の相において考えているという問題を扱う（第6節）。

3 同一性と統一性

機能分化したシステムが、他のシステムや「生活世界」との関係という桎梏から解き放たれるならば、システムはそれ自身の論理（「固有論理」）にのみ即して暴走していくだろう。そんなことはありえないし、またあってはならない。専門家の役割がどんなに重要であろうと、法も経済も本来より広い社会的文脈に埋め込まれているべきものだからだ。また仮にシステムの固有論理が貫徹していく傾向があるとしても、そのメカニズムを明らかにすることを通してそれを打破する道を探るべきである。以上が、閉鎖性テーゼの実践的帰結に対する批判者たちに共通する論法であった(13)。この論法が成立するためには、「固有論理」がシステムが外部と取り結ぶ諸関係とは別のところで、それ自体として成立していなければならない。少なくともルーマンがそう主張しているのでない限り、この批判は意味をもたないはずである。しかし実際には、ルーマンの「機能分化したシステムの閉鎖性」というテーゼが意味しているのは、それとは反対の事態なのである。

機能分化したシステムは、特定の問題解決という観点のもとで組織されたコミュニケーションよりなる。そこではさまざまな問題解決の方策（およびそれを可能にするコミュニケーションの編成）が比較され、必要に応じて代替されていく。この代替可能性のうちにこそ機能システムのアイデンティティがある。逆にいえば機能システムは、コミュニケーションの特定の編成に拘束される必要がないのである。かくして機能分化によって、以前は「自然」だと見なされていたものが、他でもありえた「決定」として現われてくることになる（Luhmann［1986a:211］）。機能分化とは何よりもまず、特定の社会秩序がかつて有していた「自然な」アイデンティティの喪失を意味している。

この事態は、あるコミュニケーションが当該のシステムに所属していることの証となる二分コードが対称的に構築されており、一項の他項に対する優位（ハイアラーキー構造）や、両項への振り分けを規制する特定の規則を前提としているわけではないという事態に対応している。法システムにとって重要なのは、合法と不法とを弁別しうることであって、合法的なものが不法なものよりも重要であるというわけではない。ケルゼンも述べているように不法行為は法の否定ではなく、法の特殊な要件なのだから。「法認識は不法行為でもこれを法として理解するほかない」（Kelsen［1934＝1935:49］）。同様に真でないものを確定することは、真なるものの確定と同様に学にとって重要である（Luhmann［1986a:82］）。

逆にいえば二分コードが保持されていさえすれば、両項への振り分け基準（ルーマンがいう「プログラム」）が変化・交替したとしても、システムは揺らぎはしない。「何が合法か」「何が真理か」を決定する実質的な内容は、システムにとっては代替可能なものにすぎないのである。したがってシステムのアイデンティティは、それらの実質的内容によっては与えられない。機能分化し、機能を軸として組織されたシステムは、通常の意味での「自立性」を、すなわち特定のメルクマールに基づいたアイデンティティを、むしろ失ってしまうのである。システムのシステムたるゆえんは、特定のコードに沿ってコミュニケーションを接続させていくという事実それ自体のうちに存するのであって、コミュニケーションの内容やそれを律する基準のうちにあるのではない。コード自体は特定の内容を弁別しえない。例えば〈合法／不法〉のコードが述べているのは、合法は不法ではなく不法は合法ではないということ、つまり両者が区別されうるということにすぎないからだ。したがって、

法の現実性は、何らかの安定した理念のうちにではなく、あくまで、法特有の意味を生産し再生産する作動のうちにのみ存するのである。また、その作動は法システム自身の作動でなければならない……。作動上の閉鎖性というテーゼが意味しているのは、このこと以上でも以下でもない。（Luhmann［1993a:41］）

法システムの閉鎖性・自律性は、〈合法／不法〉のコードに基づく法的コミュニケーションに法的コミュニケーションが接続していくという事実そのもののうちにある。生活世界への連関を無視して暴走する法システムの固有論理なるものは、この事実を前提として初めて、事後的にのみ同定されうる。これは第二章でコミュニケーションについて述べたこととパラレルである。コミュニケーションを可能にする規則なるものは、コミュニケーションが接続していくという事実をふまえて、事後的にのみ認定されうるものであった。

その意味で法システムのアイデンティティは、ジジェクなどがよく引く例のイソップ寓話におけ

る「宝物」のようなものだといえよう。

死期の迫った農夫が、息子たちを一人前の農夫にしたいと思って、呼び寄せてこう言った。／「倅たちや、わしの葡萄畑の一つには、宝物が隠してあるのだぞ」／息子たちは父親の死後、鋤や鍬を手にとって耕作地を隅から隅まで掘りかえした。すると、宝物は見つからなかった代わりに、葡萄が何倍もの実をつけた。（Perry［1952＝1999:53］。ただし「／」は原文改行箇所）

どこかにあらかじめ「宝物」（アイデンティティや「固有論理」）があるわけではない。固有論理を求めようとする、あるいはそれを批判して全体社会や生活世界との開かれた関係を求めようとするあらゆる議論が、閉じられた法システムを再生産する。どのような内容の議論であろうと、〈合法／不法〉の区別を踏まえている以上、それは法システム一部であり、法システムの内部に位置するのである。

以上の議論を踏まえて、システムの統一性（Einheit）と同一性（Identität）を区別しておくことにしよう（Luhmann［1990a:482］）。統一性とはコードに基づいて生じるコミュニケーション総体を指し、それがシステムの閉鎖性を形成する。〈合法／不法〉に基づくコミュニケーションは常に法システムの統一性を形成する、というわけである。したがって統一性は閉じられていると同時に、無限の内包を有する（開かれている）ことになる。統一性の外周を確定しようとする試み自体が、当の統一性に属しているからである。宝物を探そうとする行為自体が宝物であるのと同様に、である。

統一性を確証しようとするこの試みによって提起されるものを、「同一性」と呼んでおこう。同一性は統一性の内部において、「法の本質とは何か」「法はいかにあるべきか」といった問い（反省）への回答として呈示される。この同一性は特定の内容をもちうるが、それは人工的で偶発的な、自己単純化に依拠しなければならないということをも意味しているのである（Luhmann［1989:227］）。

閉鎖性とは、システムの隅々までがこの同一性によってコントロールされるということを意味するのではない。法システムの同一性を確定しようとする反省の作動もまた、〈合法／不法〉に基づく法システムの一部に他ならない。したがって、反省の試み自体が反省の対象（統一性）を変化させることになる。この点を無視して特定の同一性を「あるべき本質」についての問いへの回答として導き出すためには、自己単純化が必要不可欠なのである。

また機能分化に基づくシステムの閉鎖性は、同一性の内容そのものをも不安定化させる。機能分化＝システムの閉鎖化によって、システムは「自己単純化」の手がかりを外部に求めることができなくなるからである。かつての階層分化社会においては法の同一性は、宇宙全体を貫く秩序モデルに基づいて、〈永遠の法／自然法／実定法〉というハイアラーキーのうちで確立されえた（Luhmann［1993a:21］）。「自然な」道徳や神の命令という法の外に位置する手がかりによって、「法はいかにあるべきか」を確定しえたのである。法が機能分化すれば、その種の外的手がかりは失われるが、その分自己の権限において自己を規定する自由を獲得する。かくして法は、見田宗介がマルクスに依拠して述べている「二重の意味で自由な」存在となる（見田［1996:30］）。一方で「自然な」制約から逃れて、自己をいかようにも規定しうる自由もつ。他方でまさにそれゆえに、自己を見失う自由をも有しているのである。

機能分化が意味していたのは、個々の機能システムも全体社会も自己記述のための立脚点を見いだしえなくなるという事態である。一八世紀以降この問題には、同一性の内容を抽象化することによって対処しようと試みられてきた（Luhmann［1987f:162］）。例えば個人の同一性を身分や居住地といった具体的なメルクマールから切断して、「理性」というより抽象的な特質のうちに求めることを通して、可変性と柔軟性を確保すべく試みるというようにである。しかし事はそこに留まらない。法が確固たる外部との関係においてではなく自分自身との関係（自己言及）においてしか自己を規定しえないとすれば、最終的には法の同一性は、「法とは、法システム自身が法と見なすところのものである」という極限まで抽象化された無内容なかたち以外にはありえなくなる。

それ（＝自己言及システム）は、それがそうであるところのものである（Sie sind, was sie sind.）。自己言及システムにとって、自己の同一性のための《基準》は存在しない。だから法システムにとって法とは、法システムにとって法であるところのものである。(14)（Luhmann［1986d:15］）

この定式はもはや同一性ではなく、統一性を指し示すものとなってしまっている。

このように機能分化による閉鎖性が意味するのは、システムの「固有論理」の確立どころか、同一性が統一性へと溶解してしまいかねないという事態なのである。この意味で「機能システムは自身を、自己産出された無規定性という状態のうちへと移し入れる」(Luhmann [1997a:745]) ことになる。

しかし実際には機能的な代替可能性は、現に存在するものの特定の点に関してのみ現われてくるのであって、ただちに同一性そのものの溶解にはいたらない。まず自分自身と関係する機能システムは、原理的には特定の同一性をもちえないとしても、実際にはそのつど特定の規定性を身につけている。このギャップはいかにして埋められているのだろうか。[15]

ここでわれわれは、前章でのダブル・コンティンジェンシー(DK)とその「解決」に関する議論を想起すべきだろう。DKもまた、内側へと閉じられた関係(AはBを参照し、BはAを参照する)のゆえに、それ自体としてはいかなる規定性ももたない空虚な円環にとどまらねばならなかった。にもかかわらず、あるいはまさにその空虚さのゆえに、DKの円環はあらゆる偶然的契機に対して敏感になる。円環の内部それ自体においては規定性を獲得しえないかわりに、外的で偶発的な契機によって規定性を確立することができるのである。

同様の事態が、異なる機能システムどうしの関係においても成立する。法システムと政治システムの関係について考えてみよう。通常の場合法と政治は、一方が他方に包摂されるというかたちにせよ、あるいは両者が同格のものとして何らかの統一原理のもとに包括されるというかたちにせよ、分かちがたい統一体をなすものと考えられている。そしてその統一体にはしばしば、「国家」（とりわけ、「法治国家」）という名前が与えられる。

近代初期に確立されて以来すでに長期にわたっている伝統のゆえに、われわれは……政治的かつ法的な、ひとつの統一的システムだけを考えがちである。それは、本質的にいって、国家概念が政治的でもあり同時に法でもあるためである。（Luhmann［1993a:407］）

例えばノネとセルズニックも、法が社会の実質的要求に応えようと試みるにいたった「応答的法」においてもやはり法と政治の区別が明確になされていることを確認してはいる。ただし彼らから見ればその区別の維持は、統一的な意義と目的を有している。すなわち、法が政治の実質から離れてその枠組となることによって政治的議論の合理性を高め、「公共の利益」概念を明確化しうるように、というわけである（Nonet/Selznick［1978］）。ここでの〈法／政治〉の区別は、あらかじめ存在する統一体が円滑に機能するための「分業」として想定されている。〈法／政治〉の区別自体が果たすべき「機能」の宛先が、あらかじめ存在していると見なされているのだから。[16] そしてその統一体にはおそらく、「法治国家の理念」という名が与えられうるだろう。

ルーマンにとっても法と政治の関係は、同様の相互円滑化関係として捉えられているように見える。すなわち政治は法に立法というかたちで決定前提を付与し、法システムはそれに基づいた決定

決定前提（実定的に制定された法）
（非対称化）→
←（実行）
政治システム　　　　法システム
（実力投入の前提としての）判決
←（非対称化）
（実行）→

図2　法と政治

（Luhmann［1981a:169］より作成）

を実行する。逆に、法システムは政治に対して判決を送付し、政治はそれを踏まえて以後の作動を継続していく、というようにである（図2）。ただしルーマンはただちにこう付け加えている。こうして二つのシステムが相互に取り結ぶ環境関係が特殊化されるが、そこで問題となっているのは、こうであって他ではありえないという「自然」（自然な理念）ではなく、全体社会内の特定の機能システムによる、相互依存打破（Interdependenzunterbrehung）ないし脱トートロジー化（Enttautologisierung）である、と。すなわち、所与の理念に基づいてこの相互関係が生じてくるわけではない。最初に「ある」のはそれぞれのシステムの、空虚な自己関係である。「法は法である」という空虚な定式化、あるいは「合法は不法ではなく、不法は合法ではない」という、二分図式を形成する項目どうしの不毛な相互依存。この相互依存の空虚さを打破するために、外的な契機が偶然として利用される。法にとって政治の決定が、また政治にとって法から送付される判決が、規定因としての効力をもつのは、それぞれのシステムが孕むこの空虚のゆえなのである。政治が法にとってもつ意味は、何らかの理念を実現するためのパートナーでも、より上位の審級でも、あるいはそこを通して「人民の意志」が流れ込んでくる窓口でもない。政治は法システムにとって、〈合法／不法〉のコードによって排除された第三項が登場してくる場なのである。すなわち、コードに内在する決定の困難さが、政治システムへと転嫁される。「政治においてその問題がよりよく扱われ、法へと再編成されるだろう」との幻想を伴って、である（Luhmann［1986a:143-144］）。一方政治システムにとっては法と政治の一体性の理念、すなわち「法治国家」概念が示しているのは、政治システムの三つの自己記述（国民／国家領土／国家暴力）がそれ自体のうちに統一性を見いだせず、法システムから統一性を借りてこなければならないということである（Luhmann［1987d:78］）。「法治国家」とはむしろ、空虚な円環を埋める契機を互いに送付し合うということの事態に与えられた名だと考えるべきであろう。それゆえに、

こう要約することもできよう。法治国家の定式は、法と政治との相互寄食的（wechselseitig-parasitär）関係を表しているのだ、と。政治システムは他の場所で、すなわち法システムにおいて、合法と不法の差異がコード化され処理されているということによって、利益を得ている。また逆に見れば法システムは平和が別のところで、つまり政治システムにおいて確保されているということから利益を得ている。平和とはすなわち、明確なかたちで固定された権力格差が存在しており、それによって決定を強制できるということである。ここで《寄食的》（という語）が意味しているのは、外的な差異によって成長する可能性ということに他ならないのである。(17)（Luhmann［1993a:426］）

機能分化したシステムの「自律性」とは、他のシステムから独立して、「固有論理」にのみ則して勝手気ままに動いていけるということではない。むしろそれはシステムが「寄食的」にならねばならないこと、すなわち実質的な同一性を獲得するためには他のシステムによって付与される偶発的な契機に依存しなければならなくなることを意味しているのである。

4 補論a：王の言葉

以上のような「寄食者の論理」とパラレルな議論を、スラヴォイ・ジジェクによるヘーゲル法哲学の解釈のうちに見いだすこともできる（Žižek［1991:253-273］）。

ジジェクはヘーゲルの悪名高い君主制擁護論を、民主制に内在するパラドックスに対処する（解決を与える、というわけではないにしても）ひとつの方法として読み解いていく。ジジェク（によって解釈されたヘーゲル）は民主制を、恒常的権力者の不在状態として定義する。民主制の擁護者は、永久に権力を独占しようとするあらゆる野心家を排除し、権力の座を常に空白に保っておくよう努めねばならない。民主制のもとでの為政者は「一般意思」のたかだか一時的な代行者にすぎないのであって、いつでも他の者に代替されうる（取消し可能である）はずだからだ。ところがこの空白の擁護者は、まさに空白を擁護することによって、代替されえない絶対者と化してしまうのである。この擁護者を攻撃する者はすべて「民主制の敵」である、というわけだ。かくして空白の擁護者は王を排除しつつ、自身が「逆さまの王」と化すのである。ここにおいて民主制は規定性の拠り所を失い、空転せざるをえなくなる。これもまた、機能分化＝自己言及的閉鎖化によって生じる無規定性のひとつのヴァージョンである。正確にいえばここでは「法は法である」という空虚な円環（トートロジー）に代わって、もはや作動を接続不可能にするパラドックスが登場してきているわけだが。(18)

この隘路において浮上してくるのが、一度は排除されたはずの王（君主）である。王が民主制の外側から投げ与える「朕はかく欲する」という言葉を以後の決定の前提として引き受けることによって、民主制はルーマンのいう「相互依存打破」を実行しうる。ただし、ここでも確認しておかねばならない。この王の言葉が力をもつのは、それが一定の価値・理念・権威などによって支えられているからではなく、純粋な形式としての民主制に内在する空虚さと、そこから派生するパラドックスのゆえにである。つまり、民主制の空虚さ（「民主制は民主制である」というトートロジー）が王の言葉を呼び込むのであって、王の存在やその言葉自体のうちに何らかの根拠があるわけではない。いわば「民主制は真空を嫌う」のであり、王は真空を埋めるという以上の意味をもたないのである。そしてこの無根拠性は、これ以上ないほど明白なかたちで、王の存在自体のなかに示されている。というのは、王が王たりうるのは、血統というおよそ民主制にとっては偶発的で、意味をなさない「根拠」だけによっているからである。だから王の言葉を採用したとしても、かの権力の座が永久に占有されてしまう恐れはないわけだ。(19)

したがって、かのパラドックスに対するヘーゲル（とジジェク）による「解決策」とは、民主制の前提となる非民主的要素を（言い換えれば、「純粋な民主制」の不可能性を）最初から明示しておくことにある。この要素は、決して「内面化」されえない。民主制をパートナーとする「開かれた解釈共同体」（ひとつの共同体）を形成しえないのである。王が依拠する原理は、民主制と何の共通点ももたない。むしろ王が民主制にとって徹底して外在的であるからこそ、規定性を付与する契機として働きうるのである。もし両者が共通の「枠組」などによってひとつに結合されうるとしたら、その枠組自体は自己完結的な同一物であることになり、再び自己規定のためには自分自身との関係にしか依拠できないという問題に直面せざるをえなくなる。もしこの統一体に「立憲君主制」という名を与えることができるとしたら、「立憲君主制とは立憲君主制である」という、かのトートロジーの変形に直面しなければならなくなるはずである。

民主制が民主制として、すなわち、空虚で常に変更を受け付ける形式として存続しうるのは、外的で偶発的な準拠点のゆえである。民主制の保証は、個々の文脈において規定された民主制（内容を伴った――例えば、特定の勢力を「民主制の敵」と見なして排除する――民主制）を、価値や「生活世界」などに依拠しつつ根拠づけることによって調達されるのではない。むしろその保証は、規定要因の偶発性が常に明示されており、それが決して必然的なものとは見なされないという点にある。そのような民主制を破壊することは、もちろん不可能ではないが、容易なことではない。なぜなら、それは最初から廃墟として自己を提示しているからである。少なくとも、代議制が民意を十分に反映しえないことを理由に、直接選挙によって選定される強力な大統領型（あるいは、「総統」タイプの）指導者の必要性を主張するという、現在にいたるまでくり返し用いられている凡庸なレトリックは、功を奏さなくなるはずである。

さらに述べておくならばそもそも選挙とは、ジジェクにとってもルーマンにとっても、民意を政治に反映させる機構などではなく、偶発的な規定性が偶発性を明示したかたちで与えられる場に他ならないのである。ルーマンによれば民主制のメルクマールは、政治システムの頂点が政府と野党に分割されていることである。この前提によって政治権力は時間化される。つまり、現在の野党が次には権力の側に回るかもしれないし、その逆もありうるのである。政府も野党も、あらゆる決定を下すに際して常にこの可能性を念頭においておかねばならない。政党が掲げる政策は、支持者の利害などよりも、〈与党／野党〉というこの差異に基づいて決定されるのである（政治システムの閉鎖性）。だがこの差異だけでは、野党は常に与党に反対し、与党は野党との違い（「責任政党」であること）のみを強調するという例のごとき循環関係が生じてきて、政治システムは規定性を失ってしまう結果になる。それゆえに

このシステムは、ひとつの決定メカニズムを必要とし、それを組織するのである。それはすなわち定期的におこなわれる、国会の政治選挙である。当事者はそれを単なる偶然のメカニズムとしてではなく、政策に対するサンクションとして理解する。それがいかに偶然に、あるいは

前回の選挙結果への反応として生じたものであろうと、である。(Luhmann [1987b:140])

政党自身や、選挙結果について論じる評論家・政治学者・有権者は選挙結果を、政策をはじめとする政党の活動に対する評価として解釈する。しかし実際には、選挙結果が示しているのは選挙結果自体にすぎず、それ以上でもそれ以下でもない。選挙制度のうちには、選挙を他の社会的要因(他の機能システムとの関係)から遮断するメカニズムが備え付けられているからだ。

民主制のもとでの選挙の三原則(普通選挙権、一票の重みの平等性、秘密投票)の機能は、選挙に臨む有権者役割を、他の機能システムや「日常生活」のコンテクストから切り離して、抽象化・個人化することにある。

それらの基礎をなしている平等思想は、《自然》のリアルな事態(すべての人間は平等であ
る)や、実現されるべき価値(すべての人間は平等に扱われるべきである)を表現しているわけではない。むしろそれらは無関心の原理であり、根拠の特殊化の原理なのである。すなわち(選挙においては)あらゆる区別を、機能的に特殊化された連関において有意味だとして根拠づけられうるもの以外は無視してよいし、無視するべきだという原理である。(Luhmann [1969:159＝1990:200]。ただし訳文は引用者)

ある有権者が日頃どんな関心を抱いていようが（あるいは、きわめて多様な関心を抱いているにもかかわらず）、選挙においてはあれかこれかの政党に匿名氏として一票を投じるという、たったひとつの行動へと切り縮められてしまう。この意味で選挙においては、価値や利害を代表するコミュニケーションの回路と、政治的支持を扱うコミュニケーションの回路とが、分離されてしまう。もはや政治的支持が特定の価値や利害に基づく要求に依存するということは、なくなるのである。これこれの要求をこれくらい実現してくれたから、それに見あうだけ支持を与えようなどというわけにはいかない。結局のところ、支持は一括して与えられたり拒まれたりするしかないのだから（Luhmann [1971:41]）。

それゆえ選挙において可能なのは、あらかじめ政治システムによって用意された行動のみであり、その意味で、選挙は徹頭徹尾政治システムの内部において生起する。ここでも、政治システムはあくまで閉じられていることがわかる。もちろん有権者の行動と、その利害関心の間の因果関係を事後的に追尾することは可能である。むしろ、可能すぎるのである。あまりにも多くの関心が関与しているがゆえに、実際にどの関心が決定要因となるかを事前に知ることはできない。その結果、有権者の実際の決定は、偶然に委ねられるしかなくなるのである。ヘーゲルとジジェクにおける王の言葉の場合と同様に、空虚な閉鎖性が偶然的契機を呼び込むわけだ。

われわれは、このような事態を何と呼んだらよいかを、すでにアルチュセールから学んでいる。すなわち、「重層的決定」である。実際にルーマンはこの言葉を、その本来の意味において使用している。

各個人は、政治的評価の契機となる経験を与えるような多数の役割によって、いわば重層的に決定されており（überdeterminiert）、それゆえに自由に選択できるのである。決定可能性以上に多くの根拠があるわけであって、それゆえにこそ濾過過程が不可避なものとなるのである。政治的複雑性の縮減への有権者の関与は、この点に存する。政治システムにとっては、この重層的決定のうちに、ある種の偶然性が存するわけである。（Luhmann［1969:168–169 = 1990:208–209］。ただし訳文は引用者）

重層的決定とは、「決定可能性以上に多くの根拠がある」ことである。それゆえに、浅田彰の言葉を借りれば、「重層的に決定されているというのは、一見逆説的にも、全部偶然の事故だというのと同じこと」（柄谷編［1991:209］より引用）なのである。(20)

ジジェクも選挙について同様の議論を展開したうえで、そこからさらなる帰結を導き出している（Žižek［1989:148］）。選挙においては、有権者は抽象的市民と化してしまう。逆にいえば市民が選挙に参与しうるのは、日常的な文脈から抽象化された、すなわち「疎外」された場合のみである。この意味で民主制は、ゲゼルシャフトに基づいている。それは公的領域と私的領域の分裂を、つまりは「疎外」を前提として、成り立っているのである（Žižek［1992:164］）。かくして、選挙時には、社会的諸関係のハイアラーキカルなネットワークの全体は宙づりにされ、括弧に入れられる。有機的統一体としての「社会」は存在を止める。社会は、抽象的な単位の、すなわちアトム化された個人の、偶発的な集積に姿を変える。そして選挙結果は結局のところ、確率論的な過程次第だということになる。まったく予見不可能な（あるいは、操作された）出来事が——例えば、投票日の数日前に発覚したスキャンダルが——一方の陣営の得票を五割増しにし、数年間にわたるその国の政治の方向を決定してしまうなどということもありうる。（Žižek [1989:148]）

しかし、とジジェクは続ける。「疎外」に由来するこの欠点を除去しようとすれば、民主制は民主制でなくなってしまう。例えば、組織された民主制＝人民民主主義が登場してしまうのである。「右」のほうからまさにそれを試みたのが、かのカール・シュミットであった（田中 [1992:78]）。シュミットによれば代議制にとって代わるべきは人民投票的直接民主主義であり、さらによいのは人民が直接列席する集会において、満場一致の喝采をもって「総統」への支持を表明することである。そこには「統一体としての民衆」＝「ゲマインシャフト」が完璧に維持されており、「疎外」が入り込む余地などないのだから、と。この「独裁的およびシーザー主義的方法は、人民の喝采によって支持されるのみならず、民主主義的実質および力の直接的表現であり得るのである」（Schmitt [1926＝2000:25]）。

以上の議論から、われわれは次のような結論を導き出すことができるだろう。民主制をポジティブに語ってはならない。民主制とは原理的には、自己破壊（民主制の廃棄を主張する勢力に、民主的手続にしたがって権力を付与する）の可能性を含めたあらゆる可能性をオープンにしておくことであり、固定的な価値やルールによっては定義されえないのである。しかしもちろん実際には、「あらゆる可能性をオープンにしておく」などということは不可能である。現実の民主制がなしうるのはせいぜい、可能性を限定し規定性をもたらしている要因が偶発的なものであることを常に明示しておくことのみである。それによって少なくとも間接的なかたちで、可能性の地平を開いておくことができる。一方、特定の可能性（自己破壊の可能性など）を排除しつつ民主制に規定的な内容を与えようとするあらゆる試みは、地平を閉じることによって、民主制をその反対物に転化させてしまうのである。民主制をより高次の理念によって統制しようとしてみても、同じことである。その場合には民主制と高次の理念からなる（複合的）統一体が、自己関係のなかでの規定性の喪失という同じ事態に直面しなければならなくなるからである。

ヘーゲルとジジェクやルーマンの民主制に関する議論を（同様に、後者の法システムの閉鎖性に関する議論を）、形式的・自己完結的で無内容であると非難するのはたやすいことだ。そしてそのように非難する論者は、「生活世界」「公共性」「民衆知」などとの「開かれた」対話を通して、民主制の理論をより内実豊かなものにすることを試みるだろう。だがわれわれはあえて、無内容な空虚と貧しさのうちに踏みとどまることを提案したいのである。そうしてこそ、一定の偶発的規定性をそのつ

ど引き受けつつ、その偶発的なアイデンティティを必然的なものと思いこむような自己欺瞞に陥らずにすむからである。(21)

だとすれば、選挙制度を民意をよりよく反映させるためにこれこれのかたちに「改革」すべきであるといった議論に対しては、われわれは「二重の闘争」（絓［1994:8］）を試みねばならないことになる。一方で、「民意」なるものは偶発的な選挙結果からのみ読み取られうるのであり、あくまで政治システムの内部で構成されたものにすぎないということを指摘しなければならない。

世論（die öffentliche Meinung）は、〔政治システムが〕外的コンタクトを確立するために役立つのではない。それが役立つのは、政治システムの自己言及的な閉じに対して、政治の政治へのフィードバックに対してだけである。（Luhmann［1990b:182］）

他方で選挙はしょせん娯楽・お祭であり、有権者は感情によって投票を決めるのだから簡単に操作できる、政策や理念などを訴えても意味がない云々との主張には、「しかし理論もまた、それが大衆をつかむやいなや、物質的な力となる」（Marx［1844＝1974:85］）という言葉を対置しなければならない。あるいは、「理念自体が、コミュニケーション・プロセスのなかで表現されるや否や、社会的現実となる」（Luhmann［1988a:170＝1991:165］）というルーマンの言葉を、である。重層的決定においては、理念が決定的な役割を演じる可能性も常に存在しているのである。「公共性」につい

郵便はがき

恐縮ですが切手をお貼りください

112-0005

東京都文京区
水道二丁目一番一号

勁 草 書 房
愛読者カード係行

（弊社へのご意見・ご要望などお知らせください）

・本カードをお送りいただいた方に「総合図書目録」をお送りいたします。
・HPを開いております。ご利用ください。http://www.keisoshobo.co.jp
・裏面の「書籍注文書」を弊社刊行図書のご注文にご利用ください。より早く、確実にご指定の書店でお求めいただけます。
・代金引換えの宅配便でお届けする方法もございます。代金は現品と引換えにお支払いください。送料は全国一律300円（ただし書籍代金の合計額（税込）が1,500円以上で無料）になります。別途手数料が一回のご注文につき一律200円かかります（2005年7月改訂）。

愛読者カード

65255-6　C3036

本書名　ルーマンの社会理論

お名前《ふりがな》　（　　歳）

ご職業

ご住所　〒　　お電話（　　）　－

本書を何でお知りになりましたか
書店店頭（　　　　書店）／新聞広告（　　　　新聞）
目録、書評、チラシ、HP、その他（　　　　）

本書についてご意見・ご感想をお聞かせください。なお、一部をHPをはじめ広告媒体に掲載させていただくことがございます。ご了承ください。

◇書籍注文書◇

最寄りご指定書店		
市　町（区）	（書名）	¥　（　）部
	（書名）	¥　（　）部
書店	（書名）	¥　（　）部
	（書名）	¥　（　）部

て考えてみても無駄である、「世論」など何の力もない云々と述べることもまた、偶発性を隠蔽する結果になる。あたかも、事態を規定するのはそれらではなく別の何かであるかのように論じているからだ。したがって必要なのは、選挙を規定する審級をあれからこれへと移すことではなく、「最終審級」という観念そのものを廃棄すること、それを通じて選挙の不透明性・偶発性を常に可視化するよう努めることである。あるいは、不均質で統合不可能な空間を露出させるよう努めねばならないといってもいいだろう。そしてそのためには徹底して閉鎖性から出発しなければならない。「開かれた関係」の観念は、その関係の宛先を、あるいはその関係によって形成される同一性を、最終審級として措定することになるからだ。

法システムに関しても事は同様である。法を、生活世界や道徳との関係づけによって規定しようとしてはならない。法はあくまで、〈合法／不法〉のコードに基づく事実的なコミュニケーションのみからなっているのである。他方で、法の理念や「生活世界」など虚構であり、実際には多様な諸作動を暴力的に統合することによって初めて法の同一性の外観が生じてくる、法の内奥に潜むこの暴力を明らかにすることこそが「正義」である云々というように語ってもならない。そのように語られるとき、その同一性の不在と暴力こそが、あるいはそれを暴く正義が、欠如というネガティブな相において「最終審級」として立ち現われてきてしまうだろう（Derrida［1991＝2000］、馬場［2001a］）。

5　補論b：人種主義の空虚と過剰

法システムおよび政治システムにおける閉鎖性と偶発的規定性に関する以上の考察の帰結をより一般化して、次のように定式化することもできよう。閉じられた同一性を打破すべく、開かれた・多様な「外部」を導入すれば、その「同一性＋外部」が、それ自体閉じられた同一性と化してしまいかねない。それを避けるためには、むしろ徹頭徹尾閉じられたシステムどうしの偶発的な接触を考える必要がある、と。閉じられたシステムのみを考えるのでは不十分である、異質な外部との開かれた関係をも視野に入れねばならないという議論は、もっともらしく聞こえる。しかし異質なものが結合されて、確定可能な関係（前章で述べた第一の「と」）を通してひとつの秩序を形成しうるなら、それは最初から「異質」でも何でもなく、むしろ全体の一部と考えるべきではなかったのだろうか。必要なのは、そのような秩序へと還元されえない異質性、諸要素それぞれがもつ相互に回収されえない過剰性を考えることではないだろうか。

「開かれた関係」から出発することによって、結果として同一性のうちに閉じ込められてしまうか、それとも閉鎖性から出発することによって、閉鎖性から生じる空虚とパラドックスを経て、外部との偶発的で予測不可能な（「開かれた」）関係に到達するか。この分岐は、ルーマンの社会理論以外の場面においても登場してきている。その一例として、ネイション・エスニシティ・階級などの概念をめぐる、ウォーラーステインとバリバールの論争を取り上げておこう（Balibar/Wallerstein［1990＝1997］）。

ウォーラーステインにとっては「人種」も「国民」も「エスニシティ」も、世界資本主義システムという「現実」の構造から派生する（それによって構成される）二次的な存在にすぎない。

「人種《レイス》」概念は、世界経済における垂直的分業、すなわち中核‐周辺の対立と関係がある。「国民《ネイション》」概念は、この史的システムの政治的上部構造、すなわち国家間《インターステイト》システムを形成し、かつそれから派生する主権国家と関係がある。「エスニック集団」の概念は、資本蓄積において非賃労働の広範な要素を維持することを可能にするような世帯《ハウスホールド》の創出と関係がある。（Balibar/Wallerstein［1990＝1997:150］）

例えば「エスニック化」によって生じる民族性《ピープルフッド》は、史的システムとしての資本主義の基本的矛盾のひとつである「理論的には平等であるはずなのに実際には不平等が拡大していく」という傾向を、世界の労働者階級の精神構造を利用しつつ隠蔽する。資本主義はこの矛盾の「解決」（実際には、隠蔽）を常に必要とする。したがって人種・国民・民族性などは、決して消え去りつつある「遺物」ではない。「われわれは資本主義世界経済という世界史的社会《ゲゼルシャフト》の内部で形成される、これらの基本的な共同体《ゲマインシャフト》への帰属を弱めるのではなく、むしろ強めつつある」（Balibar/Wallerstein［1990

= 1997:153〕)。

見てのとおりウォーラーステインのこの明快な議論は、典型的な表出（表象）主義（representationalism）である。[22] 問題となっている現象は、より基底的な実在物が不完全に、あるいは歪められたかたちで表出されたものにすぎない、というわけだ。「私の主要な論点は、〔人種などの〕身分集団《ステイタス・グループ》が（党派と同様に）階級の不鮮明な集団表象だということである」（Balibar／Wallerstein〔1990 = 1997:352〕）。したがって表象それ自体を自足した（閉じられた）存在として扱うだけでは不十分である、その根底に横たわるより複雑な事態へと関係づけねばならない（「開かれた関係」を考えねばならない）という結論になる。同じ立場に立つ姜尚中の、よりストレートな表現を引いておこう。

> われわれがここで確認しておく必要があるのは、民族や宗教の復活を世界システムの社会的リアリティの「万華鏡的反映」として捉えることではじめて、そうした「反システム運動」の個別的な独自性が明らかになってくるということであり、結果を原因と取り違えてはならないということである。[23]（姜〔1994:188〕）

もちろん誰もが思いつくように、この議論はあまりにも経済決定論に傾いていすぎるとの批判を加えることはできる。ウォーラーステインの議論を基本的には受け入れている姜も、「世界システム論のやや平板な発展と矛盾の論理」が、「イデオロギーや制度が再生産される抗争の問題」と論理を十分には考慮していないと批判している（姜［1994:190］）。もっとも厳密にいえば、ウォーラーステインの世界資本主義システム論は完全な経済一元論ではないのだから、この批判が当たっているとは思えない。少なくとも、この欠点を補正する方向で世界システム論を発展させていくことは十分可能であろう。しかし仮に経済だけでなく、政治や文化といったより多様な要素を含む「闘争の場」をも考慮しなければならないとの議論をもちだしたとしても、それら多様な要素の絡みあい（深層）のなかから国民国家のアイデンティティ（表層）が構成される云々と主張している限り、それはやはり表出主義のひとつのヴァージョンに他ならないのである。

一方バリバールの分析は妙に表面的な印象を与えるし、決して明快ではない。というよりも、そもそもバリバールが結論として何を強調したいのかが、必ずしも明らかにならないのである。そこではただ、「国民・人種・階級」の相互関係に関する複雑な記述が延々と続いていくだけのようにも見える。議論が特定の原因へと遡行していくよりも、むしろ円環を描いてもとのところに戻ってくるように思われるのである（実際に議論が円環的であることを、すぐ後で示す）。しかしとりあえず確かなのは、バリバールがこの三項目のうちのどれかへと他の項目を還元するのを（後者が表層、前者が深層であると見なすのを）徹底して拒否しているということだ。

私は当面ブローデルとウォーラーステインから資本主義「世界経済」の観念を援用することにしよう。ただし、世界経済の構造による国民形成の一方的決定（あるいは、その逆の決定）という主張については、判断を保留したうえで。(Balibar/Wallerstein [1990 = 1997:307]。ただし訳文一部変更、傍点は引用者)

問題は最終審級をあれからこれへと移すことではない。あるいは前章でアルチュセールを援用して述べたように、出発点を誤ったところから正しいところへと移すことではないといってもよい。問題は特定のところから出発しうるという観念そのものなのである。したがって、くり返すことになるが、たとえ三つの項目いずれをも表層と見なし、それに「アイデンティティ成立(構成)以前の、多様な政治的力学が交錯・闘争する場」という深層を対置したとしても、やはり理論の構図は同一のままであろう。その場「と」アイデンティティとを、深層-表層という確定的なルートで結ぶことが常に可能なのである。(24)

バリバールがこの「表層/深層理論」(表出主義)に対置するのは、いわば表層における三者の「接合関係」である。ポイントとなる箇所を引用しておこう。

ナショナリズムと人種主義の関係は倒錯の問題でもないし(なぜなら、ナショナリズムの「純粋な」本質などは存在していないからである)、形式的な類似の問題でもなく、両者の歴史的な接合の問題である。……われわれが理解しなければならないのは、人種主義に独自の種差であり、ナショナリズムと接合するさい、人種主義がその差異ゆえにナショナリズムにとって必要になるその仕方である。言い換えれば、まさにこのことのために、ナショナリズムと人種主義の接合関係は、古典的な因果関係の図式によって解明することができないのである。すなわち、機械論的な図式によっても（Bの原因としてのAは、結果は原因に比例するというルールにしたがって、Bを「生み出す」）、唯心論的な図式によっても（AはBを表現する、あるいは、AはBにその意味を与える、あるいは、AはBの隠された本質を顕現する）、解明することができないのである。（Balibar/Wallerstein［1990＝1997:90］）

バリバールが注目するのは、三つの項目のどれもが自己を規定するにあたって、偶発的な契機としての他の項目を必要とするという点である。例えば世界資本主義は、その絶えざる均質化の運動そのものによって、逆に資本主義のダイナミズムからは導出できない個別的な「区切り」を必要とすることになる（経済の運動が経済外の「不純な」要素を必要とするというこの論理に関しては、馬場［1993:256-259］、岩井［1998:180-186］を参照のこと）。大澤真幸の表現を借りれば、

特殊な生活様式を指定する規範が、資本制のダイナミズムの極限《リミット》でわれわれを待ち受けている虚無の深遠を隠蔽するものとして措定されるわけだ。……〈ネーション〉を核にしたナショナリズムこそが、この難問に対する解決策なのである。（大澤［1996:44-45］）

内的な空虚さのゆえに異質なものとの「接合」を必要とするということの論理を、ルーマンにおける「相互依存打破」ないし「脱トートロジー化」の論理と重ね合わせることができる。実はバリバール自身、この文脈においてルーマンの議論を援用しているのである。

> ……ナショナリズムなしにはブルジョワジーは、経済においても国家においても構成されえなかったであろう。システム論の用語を援用すれば、国民的・国民主義的国家は現代史において「複雑性を縮減する」主要なものとなったのである。（Balibar/Wallerstein［1990＝1997:319］）

そしてまた逆にナショナリズムは、その内的空虚さのゆえに拡大再生産から暴走へといたる危険を常に抱えており、それを阻止するためには「……階級闘争の審級が、まさに還元不可能な他者として（それとはまったく別のものとして）登場しなければならないのである」（Balibar/Wallerstein［1990＝1997:319］）。純粋なナショナリズムのスローガン、例えば「国民の、国民による、国民のための云々」といった類の「政策」だけでは、あらゆるものが正当化されてしまう。これはすなわち、ナショナリズムが無内容になってしまうということに他ならない。そこから生じるのは、停滞か無限拡大のどちらかでしかないだろう。この隘路から脱出するためには、ナショナルなものの領域を超えて延びる経済的利害の絡みあいとの関連において（「国益」というかたちで）ナショナリズムを「脱トートロジー化」しなければならないのである。

今度は、ナショナリズムと人種主義の関係についてのバリバールの議論をフォローしてみよう。バリバールは、「ナショナリズムにおいて人種主義が占める位置を分析する」ために以下のようなテーゼを提出する（Balibar/Wallerstein［1990＝1997:88-90］。以下①〜④は引用者による要約）。

①いかなる国家（国民国家）も、エスニックな基礎をもたない。したがって、他の可能な一体性（unité）に対立させて、自己の想像の一体性（unité imaginaire）を打ち立てねばならない。

②さまざまなマイノリティに対する抑圧は、単に併存しているのではなく、相互に補完的な排除と支配の歴史的システムを形成している。すなわち、さまざまな偏見・差別が「人種」を核として結晶化し、排除の対象を実体として形成する。最近の人種主義（新人種主義）の対象は、「麻薬中毒者としてのアラブ人」「『黒人』としてのレイピスト」である、というように。

③人種主義のこのような広範な構造が、虚構的なエスニシティを産出し、ナショナリズムを形成する。

ここまでは、例の「政治的過程による虚構の同一性の構築」という、通常の議論そのものであるように見える。しかしバリバールは、最後になくもがなにも見える、奇妙なテーゼを付加するのである。

④このような人種主義と「平等」（均質な国民性）との関係を、純粋に「社会学的」に解釈してはならない（ここでの「社会学的」という言葉は、「国家的」「制度的」「形式的」の対義語として用いられている。すなわち、非固定的な社会的諸力による考察・説明という意味で）。その平等は、あくまで国民的共同体（communauté nationale）を内的・外的制約としてのみ成り立つ。

つまり、そもそも国民国家を構成するはずだった前制度的な「メカニズム」において、すでに当の国民国家が前提とされてしまっている、というわけである。この議論を、循環論法であり説明になっていないと批判することも可能だろう（ルーマンに対してしばしばなされるように）。しかし少なくとも、バリバールがこの論法を意識的に採用しているということは確認しうるはずだ。現に、ナショナリズムと人種主義の「相補的規定性」ないし「歴史的相補性」について語られてもいるのだから。(a)ナショナリズムは人種主義から生じると同時に、(b)人種主義はナショナリズムから生じる、というわけだ（したがって両者とも、間接的には自分自身から生じているのである、と）。(b)の例としては、アメリカにおける人種隔離制度の創設が、帝国主義的な世界競争への参入と同時に生じたことがあげられている。一方(a)に関しては、公定ナショナリズムが深部において人種主義的でないならば、それは「新しい」国民のイデオロギーとなりえないという点を考えてみればよい。だからこそシオニズムの前提は反ユダヤ主義であり、また第三世界のナショナリズムは植民地の人種主義から生じたといえるのである。(25)

ただし同時に、ナショナリズムと人種主義のこのような循環的相互規定関係にもかかわらず、両者の表象と実践においては常にズレが存在するということも指摘しておかねばならない。例えば人種主義はしばしば、超ナショナリズムとして登場してくる。現在の「国民」の境界には拘束されない、「本来」人種に備わっているはずの属性を強調するという態度を取るわけだ。そこから、「失われた」個人・住民を同質的「身体」へと併合すべきだとの要求が生じてくる（凡〜主義）。それは同時に過度の純粋主義を、したがって内部における「不純性」の排除を追求することにもなる。さらにそのためには「真の同国人」の基準が必要となる。その基準は現実の差異の総体を否定しつつ構成されねばならない。ここにおいて依拠しうるのは、地位や役割といった個別性を超越する、「人種」というカテゴリー以外にはありえないのである。しかしその「人種的」基準はその実、社会階級の基準に他ならず、すでに選定されているエリートを再び選定するにすぎない。かくしてこの結果は、エリート主義ではなくポピュリズムに依拠し、民族の歴史的・社会的異質性ではなくその本質的統一性を追求しようとするナショナリズムと矛盾するにいたるのである[26]。

以上の議論から、次のような帰結を導き出すことができる。第一に、国民国家の場合と同様ここにおいてもまた、人種主義の基礎は人種主義自身であるという例の循環関係が登場してきている。バリバールはこの事態を、人種主義の「前方への逃走」と呼んでいる。第二に、ここでは「人種主義から人種主義へ」という無内容なサイクルを打破する契機として、ナショナリズムに代わって「階級」が用いられているのである。ベネディクト・アンダーソンの指摘も引いておこう。「人種主義の夢の起源は、国民の観念にではなく、実際には、階級イデオロギー、とりわけ、支配者の神性の主張と貴族の『青い』血、『白い』血、そして『育ち』のなかにある」(Anderson [1983 = 1987:257])。ただしこれはもちろん、人種が階級の反映・表出であるということを意味しない。「階級」の表象のほうも、そもそも「人種」をメタファーとする(換言すれば、人種によって「脱トートロジー化」され、「複雑性を縮減」される)ことなしには成立しえなかったからだ。「階級意識は階級条件から自然に発生するわけではなく、それは人種主義によって妨害され歪曲され、ねじ曲げられる限りで発生するのである」(Balibar/Wallerstein [1990 = 1997:365])。かくして人種主義と階級意識の間にも相互寄食的関係が、すなわち相補的規定性付与とズレの可能性というあの関係が成立することになる。これに対して従来のマルクス主義陣営における「人種主義の道具的、権謀術策的見方」も「人種主義のなかに……階級条件の『反映』を見いだした機械論的見方」も、水平的な循環関係と相互矛盾を、垂直的な〈表層/深層〉パースペクティブで捉えようとしていた。この種のパースペクティブは結果として、「ナショナリズムと階級イデオロギー……との間にある内的コンフリクトに目をふさがせる役割を演じていたのである」(Balibar/Wallerstein [1990 = 1997:366])。

以上述べてきた「接合」の論理から得られる指針を、次のように定式化しておくことにしよう。われわれは、〈国民/人種/階級〉というかの三つの項目を何かへと差し戻す(後者によってその構成・発生が説明されうる合理的存在として位置づける)のではなく、それらを次のような関係のうちで捉えねばならない。すなわち、三項のそれぞれが内的に空虚さを孕んでおり、それを埋めるための偶発的な契機として互いを必要としていること、その一方で相手に対する規定要因となるためには相互に異質である必要があり、それゆえにまた接合形態においては常にズレが生じてくること。その意味で、それぞれをあくまで「ありそうもない」ものとして、さらには「不合理な」ものとして記述するべきである。そして、あくまでそこに留まること。ありそうにないものはあくまでありそうにないのであって、「ありそうにないものが、それにもかかわらず可能になるのはいかにしてか」と問うてはならない。接合のうちに、何らかの必然性を見いだそうとしてはならないのである。そこで踏みとどまること、それ以上の問いを断念することこそが重要である。あるいは先の「……可能になるのはいかにしてか」との問いを、「ありそうもなさはいかにして隠蔽されるのか」と定式化しなおすのが、進むのが許されるぎりぎりの地点であるというべきかもしれない。もしそれ以上先に進もうとすれば、すなわちそれぞれの項目が必然的な媒介（「闘争」も含む）によって構成される深層のプロセスやメカニズムを明らかにしようとすれば、たちまちあの「罠」に捕らわれてしまうということになろう。すなわち、「外」へ逃れたつもりで閉じられた地平に閉じ込められてしまうというあの罠に、である。そのときには、国民や人種という「ありそうもない」仮象とそれを生ぜしめる深層のメカニズムとの複合体としての全体が、いかなる偶発性も必要としない自己完結的な同一性として想定されてしまっているからである。(27)

そしてここでも確認しておこう。法システムをはじめとする機能分化した諸システムについても、事は同様である。複数の機能システムの関係を考える場合、バリバールが述べていたように、Ａが

Bを「生み出す」、AはBを表現する、AはBにその意味を与える、あるいは、AはBの隠された本質を顕現するといった図式を用いてはならないのである。ABのどちらか一方を「システム」から「生活世界」へと置き換えたとしても、あるいは両者を同レベルに位置するものとしてではなく、一方が他方に包括されるかたちで想定したとしても（法「と」全体社会）、事態は何ら変わらない。

最後の論点はわれわれを再び、ルーマンの「閉鎖性」テーゼへの批判者が無視している第二の論点、すなわち機能システムが他のシステムおよび全体社会と取り結ぶ関係の二重性という問題へと連れ戻していく。特に後者（全体社会との関係）に焦点を当てて議論を進めていくことにしよう。

6　ふたつの「全体社会」

われわれは先に、「法治国家」は法と政治を包括する理念ではなく、ふたつの閉じられたシステムとしての法と政治が、相互に脱トートロジー化のための契機を付与しあうという事態に与えられた名であることを指摘した。したがって法から見た法治国家と、政治から見た法治国家は異なるものとして現われてくることになった。政治システムにとって重要なのは、合法と不法の差異が他の場所（法システム）でコード化され処理されているということである。法システムにとって問題は平和が、すなわち明確な権力格差とそれに基づいて決定を強制する可能性が、他の場所（政治システム）において確保されているということである（Luhmann［1993a:426］）。この相互寄食的関係を隠蔽して、不可分にして必然的な統一体が常にすでに成立しているかのような外観を確保するために発明されたのが、「法治国家」の理念なのである。

同じものが異なって現われてくるというこの現象は、しかし法治国家に限った話ではない。というのは法システム「と」政治システムは、第二の「と」によって結合されているからである。すなわちこの「と」は、あらかじめ存在する同一物を再統合可能なかたちで分割するのではなく、同じ外延を有するふたつの相を、直接に（媒介不可能なかたちで）貼り合わせるのである。法システムのコードである〈合法／不法〉も、政治システムのコードである〈役職と権力の保持／不保持〉も、ともに普遍的である。すなわちそれぞれのコードを通して、社会のなかで生じるあらゆる事柄をテーマ化しうるのである。それゆえにどんな事柄も、法システムと政治システムそれぞれの「内部」に別様に位置づけられうる。

例えば閉じられた法システムとその外にある生活世界との関係いかんというように問題が立てられるとき、その生活世界は法システムのコードを通して眺められた「外部」に他ならない。その関係を踏まえて法をいかに把握し運営していくべきかという問題設定は、法システムに属しているからである。〔法／生活世界〕／法、というわけである。同じ〔法／生活世界〕の関係を、政策上の問題として、政治システムの立場から考察することもできる。その場合には〔法／生活世界〕／政治ということになる。

法と政治の関係についても事は同様である。〔法／政治〕／法と〔法／政治〕／政治は、異なったシステムが張る空間内に位置しており、両者を媒介することは不可能である。媒介の試みもまた、どちらかの空間内において生じざるをえないからだ。両者の関係を「客観的に」捉えようとする試みは、学という第三のシステムにおいて生じることになる。〔法／政治〕／学、というわけである。この学による客観的認識の成果を政治システムが利用する場合には、再び政治システムのコードを通過しなければならない。〔〔法／政治〕／学〕／政治、というように。機能分化した諸システムがそれぞれ閉鎖しているという事態が意味しているのは、この最後の「／〇〇」(アルチュセールのいう「痕跡」)を、どこまでいっても消去できないということでもある。「／〇〇」抜きに、諸システムの関係について語ることができるような「外部」など存在しないということが閉鎖性の意味なのだといってもよい。

ここで、「システムが存在する」というテーゼを出発点に選んだことに関する第一章の議論が想起されるべきだろう。システムを単に分析的な概念と見なす議論に対するルーマンの立場の優位性は、後者の立場を取れば「認識と対象の関係」をも、相対化しつつ事後的に問うことができるという点に求められた。前者の場合、〈認識／対象〉の差異が、もはやそれ以上遡りえない位置に据えられてしまうのである。

同様に、システム間の関係についての問いを客観的に立てうる、すなわちその問いはいかなる特定のシステムにも帰属しないと考えるならば、そのときわれわれは〈客観的／主観的〉という区別から出発しているはずである(ここでの「主観」の担い手は機能システムだということになるだろうが)。つまり、もはやこの区別については問いえなくなる。それでもあえてこの区別を問いの対象として取り上げようとするなら、〈客観的／主観的〉／客観的という自己言及に巻き込まれるか、あるいはその問いの担い手を、例えば「超越論的主観性」というかたちで密輸入しなければならなくなる。そして、その（括弧外の）客観性や超越論的主観性についての問いを遮断する結果になる。それらは世界内ではなく世界の外に位置するのだから、と。それゆえに「古典的論理学は、あるいは古典的存在論は、常に外的観察者を仮定してきたのです」(Luhmann［1987c:164］)。

一方「客観的に問う」ことを学システムの内的作動と見なすなら、すなわち〈客観的／主観的〉という区別の設定はこのシステムの内部で生じた作動であると考えるならば、学システムと他のシステムの、あるいは学システムと全体社会についての、経験的な問いを立てる可能性が生じてくるのである。むろんそうしたからといって、パラドックスから自由になるわけではない。しかしそのつどの固有値を確定しつつ、有意味に議論を展開する道は開けてくるはずである。

諸システム間の関係について語るための足場となりうるような「外部」は存在しない。同じことが、各機能システムと全体社会との関係についても成立する。全体社会と法との関係を、機能としてではなく遂行として、すなわちあらかじめ存在するふたつの同一物がどのように結合し影響しあっているかという問いとして立てることは、常に可能である。しかしその場合全体社会を、特定のシステムの内部から同一性として記述したうえで、関係について問うていることになる。その場合の全体社会は、確かに問題となっている機能システムの外側に位置する「環境」である。しかしこの〈システム／環境〉という線自体が、当のシステムの内部において引かれている。すなわちこの〈システム／環境〉の区別は、システムへと再参入するかたちで成立しているのである。それゆえに機能システムごとに、この環境としての全体社会は異なって現われてくる。

機能システムのどれもが、全体社会への自己の関わりを、システムと全体社会内環境との関係として記述する。しかしそれらの記述は収斂しえない。それぞれの機能システムにとって環境は、したがって全体社会は、異なって現われてくるからである。（Luhmann［1987b:35］）

この場合に関しても、諸機能システムによる全体社会の記述を媒介・統合しようと試みることはできる。しかしその試みもやはり、いずれかのシステムの内部で生じてくる。それら複数の媒介の試みを媒介しようとする営為に関しても、同じことがいえる。

閉鎖性テーゼへの批判はしばしば、ルーマンの社会理論における合理性概念の偏狭さないし欠落という論点へとつながっていく。ルーマンの議論では、自律化した各機能システム内部における合理化（個別的な「システム合理性」）は考えることができるが、複数のシステムが相互の関係を考慮しながら、あるいは全体社会というより包括的なコンテクストのなかで、自己の挙動を調整し合理的な関係を打ち立てていく道筋をまったく考慮できなくなる。あるいはせいぜいのところ、各システムが自己の「固有論理」に即して盲目的に活動していけば、その結果として全体社会レベルでは調和のとれた秩序が成立するはずであるとの、無批判的な超楽観論に陥ってしまう、と。ボブ・ジェソップによれば、ルーマンはこうしたシステム間秩序の成立を、「盲目的進化」(blind evolution) の手に委ねてしまっているのである (Jessop [1990:327])。

クラウス・ベンデルも同趣旨の批判をおこなったうえで、こう続ける。分化した機能システムは、閉鎖的であるにもかかわらず、自己を環境との関係のなかで捉え返す (反省する) 能力をもっているはずである。この反省を通して、間システム的討議が可能になる。その基礎となるのが、「言語的了解の普遍的構造」(Bendel [1993:273]) である。この構造が、どの機能システムにも還元されえない、全体社会固有の合理性を形成する。機能システムはそれを自己の機能的観点によってコントロールできはしない。逆に自己の内的作動を、この合理性を考慮しつつ営まねばならないのである云々。ベックもまた、「一見したところ『自己言及的』なサブ合理性を、メタ合理的な思考実験のなかで、相互に関係づけ、またひとつを他へと適用する」(Beck [1994:33 = 1997:64]) 必要性を強調している。一方トイプナーは、この全体社会的合理性ないしメタ合理性は、より包括的な、あるいは上位の審級においてではなく、特定の機能システムによってもたらされると主張する。「法の重要な機能は、まさに様々な自己規制的システムの持つ偏った合理性を互いに調和させることにある」(Teubner [1984 = 1990:268])、と。(28)

しかし実際にはルーマンの理論枠組において、システムと包括的コンテクスト (環境) との合理的関係を考える装置が欠落しているわけではない。ルーマンによれば、システムが合理的であるか否かの判定は、システムと環境の差異を情報獲得のために用いていることをシステムの内部において反省しうる状態にあるかどうかによって判定される。これを因果理論の概念に翻訳すれば、システムが環境に与える影響を、自身へのフィードバックにおいてコントロールできる、ということになる（Luhmann［1987b:114］）。したがってルーマン理論の枠組においても、システムはただひたすら自己の内部のみを見つめて、外部に対して目をつぶったまま作動するものとは考えられていない。システムが自己と環境の関係を捉え返し、他のシステムや全体社会との合理的関係を探求することは可能である。メタ合理性を考慮することも、複数のシステムそれぞれの合理性を調和させようと試みることも、同様に可能である――ただし、あくまで特定のシステムの内部において。合理性の投企も、個々の合理性の投企をメタ・レベルにおいて調停しようという試みも、常に特定のシステムの内部において生じるのである(29)。

したがってメタ合理性ないし全体社会的合理性は、欠落しているのではない。むしろ問題は、それが過剰なことなのである。ゲオルク・クニールは、ルーマンの議論によれば特定の同一性によって自己を規定しえた前近代の全体社会のほうが、複数の機能システムごとの多様な同一性へと分裂した近代社会よりも合理性のポテンシャルが高かったとの奇妙な結論になると批判したうえで、ベンデルやベックと同趣旨の議論を提起している。いまや合理性は、多数の下位システムの回帰的協働として把握されねばならないのだ、と（Kneer［1992:111］）。しかしわれわれの解釈からすれば問題は、そのような回帰的協働の想定もまた過剰に存在しているということなのである(30)。

ここまでの議論において、全体社会が二重の相において登場してきていることがすでに明らかになっているはずである。一方で、各機能システムの内部で引かれた〈システム／環境〉の区別を通して捉えられた全体社会がある。この場合全体社会は当のシステムよりも複雑かつ流動的でありながら、あるいはまさにそれゆえに、システムに有益な刺激と素材とを提供してくれる豊かなカオスとして現われてくる。

ここで次のような議論を提起することも、もちろん可能である。従来の社会理論では、この豊かなカオスであるはずの全体社会をあたかも固定的な自己同一物であるかのように捉えてしまっていた。いまやわれわれは、全体社会を異質な諸差異からなる闘争の場として捉えねばならない。そしてまた法をはじめとするシステム自身をも、この闘争に参与するなかで常に自己を変化させていく柔軟で開かれた存在として捉えるべきである云々。しかしすでにくり返し述べてきたように、システムをこのような意味で「開かれた」存在と見なしたところで、この意味でのシステムと全体社会が、規定されたルートで結ばれたひとつの統一体を形成してしまう（したがって、閉じられてしまう）という点に変わりはない。そもそもこの意味での全体社会はシステムの内部に引かれた線によって捉えられており、その限りでシステムの内部に位置しているからである。利益法学が扱う利害が、法の外に位置するのではなくあくまで法学的概念であるように、あるいはまた、経済学が社会とその「外部」の関係において生じるエコロジー問題にアプローチする場合、それをあくまで価格の問題として経済の内部で扱わざるをえないように、である（Luhmann［1986a:122］）。さらに政治システムは全体社会をコンセンサスと強制行使の関係として把握し、それへの自己の関係を最適化しようとする。しかし実はこの「コンセンサスと強制」自体が、政治システム特有の作動の地平なのである（Luhmann［1986a:204］)。

システムを全体社会に対して閉じられた、「固有論理」にのみ即して動いていくリジッドな存在と捉えるか、それとも自己の環境である全体社会との「開かれた」対話を通して自身を変化させていく柔軟な存在と捉えるかは、二次的な問題にすぎない。どちらも、システム内部で引かれた区別によって分割された項目を再びシステム内部において結合するための異なった、しかし機能的には等価な方策なのである。むろん両者からは異なった帰結が生じてくるから、どちらを焦点として理論を展開するかは有意味な選択肢を形成するだろうが。

ルーマンの「閉鎖性」テーゼへの批判者たちは、前者では不十分であって後者への「パラダイム転換」が必要であると主張していることになる。しかしルーマンにとってはこの分岐は、さしたる意味をもたないのである。

各機能システムは、自己の閉じの内部において全体社会との開かれた関係を取り結ぶ。全体社会はまずもってこの関係の宛先として立ち現われてくる。この意味での全体社会はシステムごとに異なった相において現われてくるし、それぞれに関して当該システムとの間に合理的な関係を想定することも可能である。しかし同時にどのシステムの全体社会像も、他のシステムによって投企される全体社会像と媒介不可能なかたちで衝突せざるをえない。媒介不可能であるというのは、政治システムの全体社会像と法システムの全体社会像を適切に媒介して統一的な像へとまとめ上げようとする作業自体が、特定のシステムの内部において（そのシステム独自の全体社会像の一部として）生じてこざるをえないからだ。したがって媒介の結果もまた、異なる全体社会像と媒介不可能なかたちで衝突せざるをえない。和解と調停のいかなる試みも、それ自体が衝突の当事者の一方として現われてこざるをえないのである。

第二の全体社会は異なる全体社会像の間の差異として、あるいはそれらの衝突において、現われてくる。ルーマンにとってはそもそも全体社会はあらゆるコミュニケーションの総体としてのみ定義されていた。あらゆるコミュニケーションは全体社会の内部において生じる。いかなるコミュニケーションも全体社会の外では生じえない。したがっていかなる全体社会像も、決して全体社会そのものには到達しえない。どの全体社会像の投企も、それが捉えようとしている当のもの、すなわち全体社会の一部として生じるからだ。あるいは同一性としての全体社会は統一性としての自分自身に追いつきえないといってもいい。後者は前者によっては捉えられない過剰な部分――実はそれは前者そのものによって形成されるのだが――を含んでいる。そしてその過剰は、複数の全体社会像の間の差異を取り消しえないという事態を通して立ち現われてくる。それゆえに「全体社会の統一性は、諸機能システムの差異以外の何ものでもない」（Luhmann［1986a:216］）。ある機能システムのコミュニケーションが、コミュニケーションのあらゆる相をカバーできるわけではないこと、前者の「外」にさらなるコミュニケーションが存在することを通して、第二の全体社会が現われてくるのである。いかなる機能システムも、この「さらなるコミュニケーション」とは、ひいてはその総体としての全体社会とは、関係しえない。正確にいえば、その関係を機能システムの側で反省し、関係を適切化・合理化したりはできないのである。そのような適切化・合理化の試みは、当該システムと（第二の）全体社会との「間」でではなく、当該システムの内部で生じるからだ。この第二の全体社会において機能システムが他の機能システムと取り結ぶ関係は、調整も合理化も不可能な「衝突」ないし「接合」以外ではありえない。先に法治国家について、また人種主義に関して述べておいたように調整と合理化は、すでに「衝突」「接合」によって規定性が獲得されている（脱トートロジー化されている）システムの内部でのみ生じるのだといってもよい。

この「衝突」ないし「接合」は、あるシステムの作動が他のシステムによって（否定されるのではなく）「拒絶」あるいは「棄却」（Rejektion）されるというかたちで現われてくる。法システムは、「支払いか、それとも不支払いか」という経済システムのあらゆる作動に随伴する問いに対して、諾（支払い）とも否（不支払い）とも答えない。法システムはこの二分法自体を（少なくとも、それを作動の第一の前提とすることを）棄却し、別の二分法を対置する。この時、独自の区別に基づく法システムの作動は経済システムの作動にとって、諾でも否でもない第三の値、すなわち棄却値（Rejektions-wert）を形成する。逆も成り立つ。

ある機能システムは、（自分とは）別の、システムにとっては選択状況は別のコードによって構造化されているということを、無視しうる（無視しなければならない）。ゴットハルト・ギュンターは、ある区別に関するこの無関連の立場を、棄却値と呼んでいる……。純粋に論理的な根拠からいえば、二分コードに関連して用いられるか、あるいは二分コードのなかに導入される第三の値はすべて棄却値である。（Luhmann［1988a:86＝1991:71-72］。ただし訳文は引用者）

そして棄却値を含むような選択肢の形成を、やはりギュンターに従って、選言・連言とは区別される「超言」（Transjunktion）と呼んでおこう。(31)

再び法システムを例に取ろう。近年、ウルリッヒ・ベックなどによって、リスクの概念を軸として社会を捉え直すべきだとの提案がおこなわれている。従来の社会科学は、すでに生じている確定的な事象のみを考察の対象とし、それをハードにコントロールしようとしてきた。しかし現在では、遠い未来において生じるかもしれない不確定なリスク（地球温暖化や海洋汚染など）をも視野に収めることが求められている。そのためには専門分化した諸ディシプリンの再統合と、専門家の視点と生活世界の視点との不断の対話が必要とされる。リスクこそが、偏狭な合理性によって隘路に入り込んでしまった近代を開かれた未来へと解放する鍵となる問題なのだ、と。

リスクの概念は、過去、現在、未来の関係を逆転させる。過去は、現在を決定する力を失う。現在の経験と行為の原因としての地位は、未来の手に移される。それはすなわち、存在しない、構築された、擬制的な何ものかの手に、ということである。われわれは、生じてはいないが、進路を変えなければ生じるかもしれない何ものかについて討議し論じているのである。（Beck [2000:214]）

同様に法学においても、未来に関わるリスクの問題を視野に収めようとの試みが生じてきている（例えば、たばこ訴訟を「私法によるリスク・コントロール」の問題として考察しようとするGalanter [1998＝2000] など）。しかしもともと法は条件プログラムに基づいている。すなわち「……が生じた場合には、……せよ」というかたちで定式化されているのである。したがって、未来において生じるかもしれない状態を法の妥当性の条件とすることは困難になる。仮に、未来の状態（例えば、子どもの福祉）を基準として決定がなされたとする。未来のある時点においてその予測が誤っているということが示されたとしても、その決定の法的妥当性は失われない。決定はあくまで現在において入手しうる、未来に関しての情報に基づいている。したがって法的妥当性はリスクの問題を解決するというよりも、リスクそれ自体を隠蔽するために用いられる（ないしは誤用される）のである（Luhmann [1990c:234]）。

その結果、法がリスクの問題を自己のパースペクティブの内部において適切に扱えば扱うほど、そのこと自体が他のシステムにとってはひとつのリスクとして現われてくる（馬場 [2001a] を参照）。ここでもまた、この「法のリスク」（「リスクの法的考察」ではなく）を法システムのうちに回収することはできない。回収しようとする試みもまたひとつの「リスクの法的考察」であり、それもさらに新たな「法のリスク」を形成するからだ。

かくして法システムの作動は必然的に棄却と出会う。しかしこれは法にとっても必ずしもネガティブな事態ではない。それはむしろ法的作動が、法的パースペクティブには収まりきれない社会的影響力を（ルーマンがいう共振 Resonanz を）有していることをも意味している。法は、自らの手ではコントロールできないほど強大な力を発揮しているのである。(32) 第二の全体社会は、作動とそれに対する棄却というこのできごとの総体として登場してくることになる。

この第二の全体社会については、さらに次の二点を確認しておかねばならない。まず、それはポジティブには把握されえない。というよりもこの全体社会は、いかなる意味でも把握の対象ではない。それは、いずれかの機能システム内部で第一の全体社会が把握されることを通して、そしてその把握が他のシステムによって棄却されることを通して、実践され再生産されるのである。また把握の対象とならない以上、第二の全体社会は善でも悪でもありえない。むしろこの全体社会は、何かをそのように指し示すための条件である（Luhmann [1990d:39]）。〈善／悪〉の差し示しは、全体社会の再生産の一部としてのみ生じるのだから。むろんこれは、全体社会を（あるいはその中で生じる任意の現象を）何らかの二分コードの一項によって指し示そうとする、あらゆる試みに関しても妥当する。

したがってこの点ではわれわれは、ラクラウとムフの有名なテーゼに賛同しなければならない。

『社会』は、言説の妥当な対象ではない。様々な差異からなる場全体を固定する――それゆえに、構成する――単一の基礎的原理などないのである」(Laclau/Mouffe [1985＝1992:178])。しかし同時に、次の論点として、この第二の全体社会にいかなる神秘的な性格も付与してはならないということをも確認しておく必要がある。これはすなわち、全体社会を「捉ええない」というその否定的性格において指し示してはならないということである。例えば決してたどり着けない、しかしそれゆえにこそわれわれのパースペクティブを吊り支える消失点として。無限に背後へと退いていく、決して踏み越えることのできない、しかしそれゆえにこそわれわれを囲い続ける地平として。「指し示しえない」というかたちで指し示してしまえば、そこに存在するのはもはや第二の意味での全体社会ではなく、システム内で把握された全体社会でしかなくなる。もちろんいかなる指し示しも第二の全体社会の内部において、全体社会の作動の一部として生じる。その点では全体社会は指し示しの「可能性の条件」であり、前者がなければ後者は不可能である。にもかかわらずこの全体社会は、指し示しに先立って存在し、それを可能にするような基盤でも枠組でもないし、指し示しに変化と革新の契機を与える豊かなカオスでもない。第二の全体社会は、あらゆる指し示しがもつパフォーマティブな相の集積としてのみ登場してくる。それは指し示しを可能にする何かではなく、指し示しそのものなのである(33)。第二の全体社会が指し示されえないのは、それが何らかの超越的な審級のうちに位置しているからではない。逆である。この全体社会の指し示し不可能性が存在するのは、あらゆる差し示しが現実的な作動として生じるからである。すなわち差し示しの内容には回収できない多様な効果を伴いつつ生起するからなのである。指し示しは、単なる認識ではなく、常に行為である。その意味で、行為から自由な認識はない。哲学者があると主張しても、社会学者はそれを受け入れるわけにはいかないだろう（Luhmann［1988b:137］）。この「行為」がもたらす多様な効果を経験的に捉えることにこそ、社会学の特性がある。

> 社会の自己記述に対する社会学の貢献の際立った……特性は、それが社会の再生産の、作動的レベルおよび構造的レベルを無視しえないという点にあるように思われる。別の、よりなじみ深い言い方をすれば、社会学は経験科学でなければならないのである。（Luhmann［1995c:178］）

差し示しが生じているのは、現に（経験的に）それが生じている限りにおいてであって、超越的審級によってその内容の妥当性が保証されているからでも、生起の背後に何らかの「メカニズム」が存在しているからでもない。(34)

ただしこの経験的次元が意義をもつのは、あくまで差し示しの内容との差異においてである。この次元それ自体を、指し示しに先立ちそれを可能にする「根底的メカニズム」のごときものであると考えてはならない。(35)再びアルチュセールにならっていえば、経験的次元とは物質的な「痕跡」なのである。

あるいはこう述べてもよい。問題は、〈指し示されうる／指し示されえない〉という、否定によって相互に移行しうる二項対立なのではない。ここで生じているのは〈指し示される全体社会／実践される（再生産される）全体社会〉という決して取り消しえない差異であり、この差異を形成するふたつの項目は、否定によって媒介されるのではなく無媒介に、第二の「と」によって貼りあわされる。すなわちそれらは超言を形成するのである。

結　語　社会学的啓蒙

1　失敗の機能

前章における全体社会に関する議論は、社会学が（したがって、本書の論述そのものが）全体社会のなかで占める位置と意義についても、少なからぬ帰結をもたらすことになる。社会学もまた、社会の外に位置するのではなく、機能分化した学システムのひとつのセクションとして作動しているからである。

学システムを含めたあらゆるシステムは自己の地平内において全体社会像を投企し、自身と全体社会の関係を捉え返し、その関係を最適化・合理化しようとする。そしてその試みは、他のシステムによって棄却され、失敗する。この失敗において第二の意味での全体社会が実現され、再生産されることになる。
　前章において提出してきたこのような言明そのものが、社会学（の一セクション）によって投企された全体社会像である。したがってそれは、やはり他のシステムによって拒絶され、失敗する。「明らかに、総体としての全体社会（die Gesellschfat als Ganzes）は、学的世界像を引き受ける気がないし、また引き受けるような状態にもないのである」（Luhmann［1986a:165］）。しかし他のシステムの場合と、あるいは学の他のセクションの場合とは異なるのは、社会学の投企は失敗することそのものによって自己を確証するという点である。[1]
　これまでくり返し論じてきたのは、この「失敗」が、すなわち他のシステムが自己の二分法とは別の値（棄却値）に基づいて動いているという動かしがたい事実が――当のシステムはこの事実の動かしがたさを、「法治国家の理念」などのかたちで再び内部に回収しようとするのだが――システムの規定性確立のためのポジティブな、しかしあくまで偶発的な契機となっているということであった（寄食者の論理）。――ラカンの囚人たちにとって、時間の圧力のもとで互いに注視しあうことが出口へ向かって走り出すための契機となったように。あるいは人種主義と国民国家と階級が「接合」を通して規定因を付与しあうように、である。
　システムがこの失敗に、寄食者に、見通しがたい偶発的契機に依存しているのを示すことこそが、ルーマンが初期から一貫して掲げてきた「社会学的啓蒙」（soziologische Aufklärung）という言葉の内実である。ルーマン初期の議論では、社会学的啓蒙は次のように定式化されている。

選択の自由度が発展させられうるのは、特定の方向へと働くことのできる縮減様式のもとでのみのことである。私が《社会学的啓蒙》という見出しのもとで定式化しようと試みてきたのは、この考えであった。（Habermas/Luhmann [1971:308-309 = 1987:490]。ただし訳文は引用者）

従来この社会学的啓蒙は、次のように解釈されてきた。あらゆる知は必然的に潜在性を伴うのであって、それ以上遡りえないその基盤を明らかにすることが社会学的啓蒙である[(2)]（山口 [1982:246]）。あるいは最近では、理念をそれ自体として受け取るのではなく、それを流通させる複雑なメカニズムを明らかにし、そのメカニズムを踏まえた対処戦略を示すことが社会学的啓蒙の課題であるとも解釈されている。社会学的啓蒙によって「システムの作動の前提と効果にたいする洗練された敏感さを養う」ことが可能になり、それをふまえて、「システムの作動をできるだけ先回りすることがめざされる」べきである、というわけだ（宮台 [1994:273]）。これらの解釈自体が誤っているわけではない。しかし「正しい知」「複雑化した現代社会により適合的な知」を求めようとするのであれば、その試みはシステム内に位置するのであって、棄却を扱う社会学的パースペクティブとは異なっていることになる。

社会学的啓蒙が説くのは、「知はこれ以上遡行できない」「遡行は許されない」といったことではない。この種の判断は、あくまでシステム内で生じる。それは理性啓蒙（Vernunftaufklärung）のひとつのヴァージョンにすぎない[(3)]。遡行を敢行するのも遡行を断念するのも、知をシステム内部から最適化しようとするふたつの試みであり、両者は異なってはいるが機能的に等価なのである。〈遡行可能／不可能〉というこの選択肢そのものが、他のシステムにとっては棄却の対象でしかない。この点こそが、社会学的啓蒙の焦点なのである。「理念」に対して、それを流通せしめる社会的メカニズムの認識を対置する議論に関しても、同じことがいえる。社会学的啓蒙が焦点を当てるのは、〈理念／メカニズム〉というこの二分法もまた棄却されるという事実に対してなのである。

むろんこれは、棄却が知を支える「根底」である云々ということを意味しはしない。それでは棄却をひとつの「メカニズム」として扱うことになってしまうからである。社会学的啓蒙が扱うのは、知の内的整序の試み（観察レベル）と、その棄却を通して全体社会を再生産すること（作動レベル）との差異であり、この差異を取り消しえないということなのである。「一方から他方へ焦点を移すべき」云々という議論は、社会学的啓蒙ではなく知の自己啓蒙（理性啓蒙）に属している。言い換えれば理性啓蒙の目的が表層の背後に潜む深層の「暴露」であるのに対して、社会学的啓蒙がめざすのは〈表層／深層〉を想定することなくなおかつ啓蒙を明澄化し、啓蒙の限界を確定することなのである（Luhmann [1970:68]）。

それゆえに社会学的啓蒙が与える指針は、「知の傲慢を捨てて、踏みとどまるべきところに踏みとどまれ」ではない[4]。また、「知の内容よりも、それを流通させるメカニズムを重視せよ」でもない。社会学的啓蒙が求めるのは、システムの「固有論理」（それもまた「純粋」ではありえないのだが）

を貫徹せよ、そして結果として棄却され、失敗せよ、である。ただし失敗はあくまで結果として生じるのであって、失敗そのものをテロスとしてはならない。テロスとなった失敗は、それ自体失敗しえないポジティブな論理として自己を貫徹してしまう、つまりシステム内部に取り込まれてしまうからである。

2　喜劇としての批判

観察レベルと再生産（作動）レベルとの分裂は、縫合されえない。それゆえシステムは、必ず失敗する。同時に、この失敗こそがシステムにとっての構成的条件である。その意味では社会学的啓蒙が明らかにするのは、あらゆる客体＝主体（システム）は徹頭徹尾引き裂かれているということなのである。われわれがくり返し「差異を真剣に受け取る」ことを強調してきたのも、まさにそれゆえのことであった。

ただしこの裂け目を、癒され救済されるべき悲劇的事態と見なしてはならない。あるいはこの分裂のうちに、何かしら神秘的な深淵を求めてはならないのである。この分裂はいかなる意味でも「本質」や「根底」などではないし、またそれは機能分化というきわめて散文的で日常的な事態として生じてくるからだ。むしろそれは、ジジェクがヒッチコックのコメディ『スミス夫妻』（ヒッチコック自身はシナリオには関与していないが）に関して述べているような意味において、喜劇であるというべきだろう。デイヴィッドとアンのスミス夫妻は、喧嘩がこじれて冷戦状態に陥っている。互いに対する疑心暗鬼がエスカレートし、離婚の危機にすらいたる。ところがちょうどその折、自分たちの婚姻手続に不備があり、離婚どころかそもそも二人は法的には夫婦となっていなかったということを知らされる。しかもその不備は二人の側での手続ミスによるのではなく、行政区画の誤設定というまったくあずかり知らない次元において生じたものだった。しかしそれを知った瞬間に、二人がおこなってきたことは一八〇度意味を変える。いやいやながらの義務にすぎなかったことが不道徳な、それゆえ魅惑的な冒険として立ち現われてくる。結局二人は元の鞘に――というよりは、本来取り結んでいたはずの関係のうちに――収まることになる。二人のおこないの意味は互いに対する愛情などの（システム内的）要因によってではなく、行政レベルでの法的手続という、親密関係にとってはまったく外的で偶発的な「寄食者」に依拠していたのである。このように、

悲劇が常に、内在的な必然性が破滅的な終わりへと至らしめる「性格」の悲劇であるのに対し、喜劇的な次元は、主体が象徴的な網の目に結びつけられている偶発的な――偶然の、根拠を欠いた、さらには不合理な――あり方に従属している。（Žižek［1988＝1993:99］）

結局二人はよりを戻し、「本当の」夫婦となった。しかし物語はそこで終わりうるのだろうか。二人の絆の基礎となっている法を法たらしめているのは何なのか。法によって「本当の」夫婦であ

ることが保証されるとしても、その法は「本当の」法なのか。法の内容は、崇高な理念や社会的要請などからではなく、政治的な利害をめぐる闘争と妥協から導き出されたのではないか。だがその政治的な対立関係はいかにして分節化されているのか。あるいは、「法を成立せしめるのは政治的な対立と妥協である」との言明は「本当」なのか。どこまで遡っても、そこにおいて「寄食者」が不可欠であることが示されるはずである。それゆえに喜劇は終わりえない。

社会学的啓蒙が演じるのは悲劇ではなく、喜劇である。すなわち偶発的接合が、また観察と作動の両次元の差異（分裂）が、解決・除去・「止揚」されるべき——さもなければ、「破滅的な終わりへと至らしめる」——欠陥ではなく、システムそのものと端的に不可分であることを示そうとする。分裂・亀裂・矛盾は、残念なことに、非日常的なクライマックスを与えてはくれないのである。しかし同時に、一見強固に思われる自己同一物が孕む分裂・空虚・偶発性を示そうとする社会学的啓蒙の作業を「批判」と呼ぶのは決して不自然ではないだろう。だとすれば社会学的啓蒙が提起するのは、「批判理論」の生真面目さ（ベンヤミンを除く）とは対照的な「喜劇的批判」である、ということになる。

イアン・アンガスは、〈コンスタティブ／パフォーマティブ〉の両次元の相克から生じる決定不能性（自己言及によって生じる「遂行的矛盾」）を批判理論の拠り所にしたり（ホルクハイマーとアドルノが、この矛盾の指摘を通してある種の美的態度を批判の特権的な場所として措定するのはその一例である）、あるいは逆に全体的理性批判の不可能性を示すために用いたり（ハーバーマス）する議論を、次のように「批判」している（Angus［2000:28-49］）。何ものをも踏まえることなく自己が所属する文化の全体を批判しようとすれば、同時に自分自身（批判の言説）をも批判してしまうことになる――「クレタ人のパラドックス」と同型的なこの「反省のパラドックス」（paradox of reflexion）は、もはや今日の批判理論が直面する困難さを表現できなくなっている。というのはこの古典的なパラドックスにおいては、クレタ人がクレタ人であるという自己同一性が前提とされているからだ。批判理論に即していえば、批判対象たる文化と、それを批判する言説とがそれぞれ同定されたうえで、両者のショート・サーキットから生じる矛盾に焦点が当てられるという論法になっているのである。しかし今日の社会において問題となっているのは、「反省のパラドックス」ではなく、「構成のパラドックス」（paradox of constitution）である。ある言説が「クレタ人」＝批判的言説であるかどうかは、あらかじめ決定されているのではなく、そのつどの発話においてのみ明らかになる。

それゆえ今日の文化の状態は、一般的レトリックとなっている。そこではどの発話も、物言う声（speaking voices）を構成するために、介入として、批判として、正統化として、他のあらゆる発話と争っているのである。（Angus［2000:42］）

したがって今日の批判理論において問題とすべきは、「決定不能性」ではなく、「決定不能性の決定不能性」（the undecidability of undecidability）である。決定不能性が生じてくるかどうかを、あらかじめ確定しておくことはできないからだ。

アンガスは、ルーマンの「脱パラドックス化」の議論も、古典的な批判理論のひとつのヴァージョンであると見なしている。そこではシステムの内部で覆い隠されているパラドックスが、外側からの観察（セカンド・オーダーの観察）によって暴露されるという、ふたつの言説の明確な線引きが前提とされているではないか、と（Angus［2000:44］）。

しかしわれわれが「〈コンスタティブ／パフォーマティブ〉の（あるいは、ふたつの全体社会の）差異を取り消しえない」と述べることによって強調してきたのは、まさにこの「決定不能性の決定不能性」であった。セカンド・オーダーの観察がセカンド・オーダーであるのはその観察の内容によってではなく、あくまでその位置価によってなのである。セカンド・オーダーの観察としてのアイデンティティは、固有値としてのみ生じるのだと述べてもよい。

自己の言説をその内容からして批判的であると規定したうえで、現代社会において批判を貫徹することの困難さや不可能性を前にして肩をすくめたり奮闘してみせるのが、悲劇としての批判である。一方喜劇的批判は自己の言説が結果として批判となるであろうことを見越して、しかしそれを目的とすることなく、分析を推し進める。それが既存の制度に沿った単なる義務であるか、それとも制度を破壊しかねないアドベンチャーなのかは、それ自体からは決定できない。

この喜劇的批判は、「ドライ」という言葉ではとうてい形容できないほどのそっけないルーマンの文体が象徴しているように、いかなる気分の高揚もカタルシスも、また「解答」も与えてくれない。しかしその反面、理性啓蒙や悲劇的批判に比べて、明らかな長所も有している――社会学的啓蒙にたずさわる社会学者にとっては、の話だが。すなわち、喜劇的批判は決して終わらない、つまり社会学者の仕事はいつまでたってもなくならないのである。いかなる「結論」に対しても、それが引き起こす、あるいはそれが孕んでいる、分裂と亀裂を明るみに出すという作業を接続しうるからだ。むろん、社会学的啓蒙が導き出す「結論」に関しても事は同様である。

喜劇的批判は「オートポイエティック」なのである。

注

まえがき

(1) 形式的には「ルーマン派」の雑誌*Soziale Systeme: Zeitschrift für soziologische Theorie*(季刊)が現在も存続しており、一番弟子であり盟友でもあったディルク・ベッカー(Dirk Baecker)やビーレフェルト大学の後任ルドルフ・スティッヒヴェー(Rudolf Stichweh)らが寄稿を続けている。しかし掲載される論文は雑多であり、ルーマンの著作を引用することによってかろうじて共通性が維持されているように見える。
　また社会学以外の分野では、オランダのライデン大学を中心とするグループが、ルーマン流の「コミュニケーション」「観察」「差異」などの概念を応用したプログラムに基づく文学研究を精力的に推し進めている(de Berg/Prangel [1995][1997])。こちらは「学派」と呼ぶに値するまとまりを示してはいる。だが私見ではこのまとまりは、ルーマンの議論を単純化し通俗化するという代償を支払うことによって可能になっているのである。

(2) この議論を、コミュニケーションとその受容者との「接合」(articulation)の様式を分析すればよいという、カルチュラル・スタディーズ流の議論と混同してはならない。なぜならばルーマンにおいてはその種の「分析」もまた、機能分化した社会システムのひとつである学システム(Wissenschaftssystem)の内部においてのみ生じるのであって、それは事態を説明するものというより、社会学の分析対象たる事態そのものの一部なのである。なおわれわれは第三章第5節で、「接合」の論理をより徹底したかたちで用いることになるだろう。

序論

(1) Luhmann [1987c: 125-155]ではインタビュ

ーに答えるかたちで、官僚時代の経験やキリスト教民主同盟、社会民主党との関わりなど、それなりに興味深いエピソードが語られている。内務省の担当官から、地方勤務を経験しておかないと正規の役人にはなれないといわれたのに対して、「私はヘルダーリンを読んでいますので」と答えたという話などはそのひとつである。

(2) ルーマンの教育システム論について包括的に論じている石戸教嗣は、第Ⅲ期をさらに「オートポイエーシス導入期」(一九八四―一九九〇年)と「パラドックスの展開(Entfaltung)への着目期」(一九九一―一九九八年)とに区別するよう提案する(石戸[2000: 14-15])。教育システム論との関連においてならともかく、ルーマン理論総体に関してはこの区分は不要であろう。第三章でも触れるように、オートポイエーシスの概念とトートロジーおよびパラドックスの概念は不可分であるし、また後二者は常に脱トートロジー化・脱パラドックス化(すなわち、展開)とともに語られているからである。

(3) 同書のルーマンに関する部分が発表されたのは一九八〇年であるが、そこで検討対象となっているのは、もっぱら一九七〇年代初めまでのルーマンの著作である。

第一章

(1) 例えばここ数年、歴史教科書や従軍慰安婦問題との関連で生じている「個と公」についての論争はその一例であろう。安彦/他[1999]を参照。

(2) あるディシプリンを構成する基礎的事項が他のディシプリンによって記述され、分解ないし相対化されるというこの事態は、諸学それぞれが分化し自律化することによって生じてきた。しかし同時に、とりわけ社会学は成立当初からそのような動向に密接に関連し、それを推し進めてきたともいえる。マンハイムの知識社会学が引き起こしたある種のスキャンダルを想起してみればよい。ルーマン自身の言葉を借りるなら、

　社会学理論がもつ独特の魅力は……次の点に依拠している。……新しい定式化によって通常の

目的思考の背後に遡ること、目的思考とは食い違うパースペクティブを用いること……、批判の対象となる思考が掲げる真理要求と、批判する思考が食い違うということ……。思想上のどのような立場をも、このやり方を用いて貶めることができるのだ。(Luhmann [1968: 50-51 = 1990:104])。

社会学に当初から含まれていたこの危険性=可能性は、その後「社会学の社会学」やエディンバラ学派の「ストロング・プログラム」を経て今日の構築主義論争に至るまで、脈々と受け継がれている。構築主義論争に関しては、中河[1999: 265-284]やHolstein/Miller[1993]を参照。ドイツの文化批評家による言葉も引いておく。

「真理」を機能主義的に取り扱う社会学のシステム理論はいずれも強烈なシニシズムのポテンシャルを蔵している。そして、社会学理論のこういった動きに引っ張られている現代の知性は、この手の発想が持つ秘かな、あるいは公然たる支配者シニシズムの泥沼に引き込まれてゆく。(Sloterdijk [1983 = 1996:33])

このように社会学はその出自からして、「市民社会の自己反省の学」というシリアスな性格とともに、スキャンダラスで浅薄な性格をも併せもっていたのである。それゆえに、オウム事件に関する何人かの社会学者の分析に対して「思想家」の側から、「そういった浅薄な社会学的分析では、この事件の思想的意味を捉えきれない」といった侮蔑が投げかけられたりしたのは決して偶然ではない。

(3) ルーマンは、すでに「オートポイエティック・ターン」以前の段階で、次のように述べていた。

〔システム理論のように、普遍性を主張する〕理論は自分自身に関して何事かを経験する。しかしそれは、理論がその対象をいかにして認識するかを反省することによってではない。むしろ理論は〔自身を反省するために〕、対象の認識を活性化しなければならない。理論が、認識に特化した企図として、理論自身の対象であるのはいかにしてなのかを認識できるように、である。（Luhmann［1978:12］）

理論が自身を相対化するためには、認識論的な反省よりもむしろ、自己を対象のひとつとして捉えて、自己（＝理論）と認識対象の関係を、他の対象どうしの関係（システムと環境の関係、システム間関係）と比較する必要があるわけだ。

（4）　作動が事実として接続している限りにおいて確実性が生じてくるのであって、確実性を保証する何かが存在するがゆえに接続が生じるのではない。次章の議論を先取りすることになるが、この点がコミュニケーション（社会システムの作動）と間主観性の関係についてのルーマンの主張に対応していることを指摘しておこう。

「……コミュニケーションが、《間主観性》といったもの……の条件なのであって、間主観性がコミュニケーションの条件なのではない」（Luhmann［1990a: 19］）。ここで問題とされているのは、「コミュニケーションと間主観性のどちらがより基底的か」といったことではない。また、「静態的な間主観性ではなく、それがコミュニケーションによって常に構成されては変化していく、ダイナミックなプロセスを考えるべき」といった議論がなされているのでもない。問題なのは、「確実性」に対する二つの異なる態度なのである。

（5）　ネオ・ファンクショナリズムの提唱者として有名なジェフリー・アレクサンダーにいたっては、ルーマン理論は「複雑性を縮減するという個人の実存的欲求」に基礎をおいているとすら主張している（Alexander［1998:201］）。ルーマン理論の「非人間性」を非難する論調が支配的ななかで、アレクサンダーのこの指摘はむしろ好意的というべきなのかもしれない。しかしむろん内容的にはこれは受け入れがたい。

（6）　「ゼマンティーク」は「高度に一般化され、状況から比較的独立に用いられうる意味」（Luhmann［1980:19］）と定義される。要するに、時代と状況の違いを超えて広く用い続けられているような一群の語彙（対概念セットのかたちをとることもある）のことだと考えていいだろう。それらの語彙は、状況が変化しても用いられ続けるが、その用法は状況の影響を受けて変動していく。そしてまた同じ語彙が用い続けられるという事実が、状況に対して影響を及ぼしもするのである。ルーマンが『社会構造とゼマンティーク』と題された四巻からなる論文集（Luhmann [1980] [1931d] [1989] [1995b]）で特に注目しているのは、一七〜一八世紀の西欧社会が階層分化から機能分化へと変化するなかで、ゼマンティークと状況がどのように影響を及ぼしあっていくのかという点であった。例えば第一巻の実質的な第一論文である「上層における相互作用」（Luhmann [1980:72–161]）において取り上げられているのは、上流階級の対面的相互作用を律するために用いられてきた、平等と不平等、自己支配などの語彙の変遷である。

（7） ラカン派のマルク・レザンジェによれば、

> 恩寵に心打たれた「人間の本性」の側面が大きければ大きいほど、より明証的な体験が真理の基準に役立ち、「救済」がより「自然」というかたちをとる。神はその際、身近なものとして、理解できるものとして、さらには情け深いものとして体験される。これに対して恩寵に心打たれ、救済に寄与する「人間の本性」の側面が小さければ小さいほど、明証的な体験が真理の基準として役立つことは少なくなる。この場合、救済の道は人間の本性を抑圧することであり、明証的な欲求を満たすのではなく、義務や「純粋の徳」にしたがって行動することにある。この場合は神は遥か遠くに、厳格で侵すべからざるものとして表象される。（Reisinger [1991＝1994:42–43]）

レザンジェはさらに、ペラギウスとアウグスティヌスのこの差異は、通常の精神分析諸派とラカン派の差異に対応するとも主張している。超越的な掟と人間の諸活動の間に何らかの交流と相互影響の水路を想定するのか、それとも掟は人間とは隔絶したところから到来する恐るべきものなのか、というわけだ。

そしてこの差異は社会学諸派とルーマン派との

差異ともパラレルであると、付け加えることもできるだろう。ただし私見では、ラカン派＝ルーマン派における「超越的なもの」の性格規定に関しては、もうひとつ論点を付加する必要がある。すなわち両派において「超越的なもの」（ルーマンの場合なら、システムの閉鎖性ないし統一性）は、隔絶したものであると同時に（あるいは、まさにそれゆえに）、われわれが日常生活において文字通りそれに躓きうるような、物質的性格をも兼ね備えているのである。第三章で「ふたつの全体社会」について論じる際に、またこの論点に立ち返ることになるだろう。

（8）逆転した用法の一例をあげておこう。

……ある種の行動形態が他のものより「自然だ」として記述できることは認めなければならない。例えば裸で歩くことや生の食物のみを食べることがそうであり、ある人々はこのこと自体がこれらの形態を選択することを正当化するものと考える。だがこの意味では、芸術や科学や、あるいは自然主義支持の議論に興味をもつことさえも、確かに自然ではないことになる。至高の基準として「自然」との一致を選ぶことは、究極的にはほとんどの人が直視する覚悟をもたないような結果へ通じる。それはより自然な形態の文明へと導くのではなく獣性へと導くのである。（Popper［1950＝1980:82-83］）

（9）ウルリッヒ・ベックの議論はその典型のひとつである。「自然の抽象は、産業社会へと通じる。自然を社会へと統合することは、産業社会を超えていく」（Beck［1994:27］）。「自然と社会の統合・共生」について、あるいは社会と自然との「開かれた」関係について安易に語るこの種の議論の問題点については、後でまた論じることにする。

（10）晩年のフッサールが取り組んでいたのもこの問題であったのは、周知のところだろう。

自然科学（すべての科学一般と同じく）とは、精神的活動の名称、すなわち共同して研究に従事する自然科学者たちの精神活動を表わす名称なのだ、ということがまったく忘れられているのも明らかです。自然科学者たちの活動も、一切の精神的出来事がそうであるように、精神科学によって解明されるべきものの領域に共に属しているのです。(Husserl [1954b = 1999:31])

ハーバーマスなどからすればルーマンのシステム理論は、自然科学によって精神科学を基礎づけようとする逆転した試みであるように思われるのかもしれない。しかし社会学において「オートポイエーシス」などの概念を使用する試みの前提となっているのは、「統一科学」への志向ではなく、むしろ学が高度な内的分化を遂げて、相互を観察し観察結果を送付しあうようになったという事態なのである。

専門分化そのものによって相互関係が濃密となり「統合」が生じてくるという、学の現状に対するこのような判断は、過剰な専門分化を嘆き、「インターディシプリナリー」「トランスディシプリナリー」な試みの必要性を主張する、通常の見解には逆行するように見える。ルーマンに従えば、諸分野の関係はむしろ緊密化していると考えねばならない。ただしその「緊密化」は、諸学の統一化や協働としてではなく、第三章で論じる「接合」ないしは「衝突」として生じているのである。

(11) ルーマンによれば「カントは次のような先入見から出発した。多様性は(感覚与件のかたちで)与えられているのに対して、統一性は構成されねば(綜合されねば)ならない、と」(Luhmann [1984:51])。さらにルーマンは Luhmann [1989:213] でも同様の指摘をおこなったうえで、同所での註において、リチャード・ローティーに依拠しつつこう述べている。

綜合的認識の能力をアプリオリかつ超越論的に根拠づけようとする意図だけが、この出発点を正当化しうる。したがってカントが自己を正当化するために依拠している理論は、その理論自身の問題構想を基礎として構築されているのである。ひとたびこの自己言及が受け入れられれば、さらなる自己言及は除去されることになる。

ここにおいてもわれわれは、ある区別から事実として出発せざるをえないという事態に直面している。「多様性が存在するからには、それを統一性へと媒介するメカニズムが存在するはずだ」という問題設定そのものが、〈多様性／統一性〉という区別を設定することから生じた効果なのである。そしてこの区別のほうは、問題設定によって導かれ強化される、というわけだ。

　この点は、ルーマン理論に対して近年しばしば投げかけられている批判に関しても妥当する。ルーマンは、機能的に分化した諸システムの閉鎖性、自律性を強調するばかりで、それら相互の関係についてはまったくの偶然に委ねたままである。それでは現代社会全体の統合性（統合の必然性）を説明しえないではないか、と。

> 近代社会は……オートポイエティックに組織化された諸システムのジャングルへと分解しはしない。それらは、資源の入手可能化という相のもとで構造化された環境のなかを動くからである……。ここに、全体社会に共通の絆が存在するのであり、それは個人行為者をも包括する。……われわれは近代化を、分化の展開と一般化との、相互作用連関として理解しうる。(Brock／Junge［1995:177］)

この種の議論は、ルーマンがドゥンス・スコトゥスを引用しつつ述べているように（Habermas／Luhmann［1971:213＝1987:242］）、「何ものかが偶然的であるならば、何ものかは必然的である」(si aliquod ens est contingens, ergo aliquod ens est necessarium) という論法に依拠している。ここに偶然的なものが存在している。それゆえにどこかに必然的なものも存在するはずだ、というわけである。しかし出発点である「偶然的なもの」は、必然的なものの否定というかたちでしか把握されえないのである。あるいは、この問題設定の全体が、〈必然的／偶然的〉という区別を採用したことから生じた効果に他ならないのだといってもいいだろう。そしてこの区別の採用自体は必然的でも偶然的でもありえない。区別を採用して初めて、「偶然的か必然的か」と問えるようになるのだから。

(12) そのような逆方向の議論の一例として、橋爪大三郎の「〈言語ゲーム〉論」をあげておこう。

　個体主義的な接近の先入見とは、〝個体のほうが要素的・根源的で、社会空間の全域に成立する事象のほうが複合的・派生的である〟、という了解を前提にすることである。これは、論証の伴わないドグマではないか？／〈言語ゲーム〉論の示唆するところでは、ルール（ないし規範）のほうこそ根源的である。（橋爪［1985:202］。ただし「／」は原文改行箇所）

正確にいえば橋爪は、社会が単純で個人が複雑だと見なしているのではなく、単純な社会的ルールによってより複雑なルールを説明しようとしているのであるが。

　もちろんルーマンもこの点には同意する。

　社会システムは、〔それ自体として分出したシンボル構造という〕この種の制御レベルなしには安定しえないこと、そしてこの制御レベルは個人の計算の集積としてではなく、新たな種類のタイプとしてのみ成立しうること。これらは今日では、確かな知見となっている。（Luhmann［1981a:207］）

　ただしこれは、ある議論の系列においては社会的制御レベルを固有値として扱いうるということ以上でも以下でもない。

(13) 現代社会のなかで「支えのない」状態になってしまった概念のもうひとつの例として「相対主義」をあげることができる。すべては相対化されうる。ある議論系列において自明の前提とされている事柄を、系列の終点（説明されるべき事柄）と見なすような議論を設定することが、常に可能だからだ。前掲序論注(2)で触れたような、スキャンダラスな社会学的背後詮索（誰が何をいっているのか、それはなぜか、どんな意図によってか、背後にどんなもくろみや利害が潜んでいるのか……といった問いによる誹謗 diskriminieren）も含めて、である（Luhmann［1987e:115］）。

それゆえ、「……相対主義の反対概念は存在しない。したがって、それはもはや何ものをも指し示していない。というのは、この概念によって何が排除されるのかを示しえないからだ」（Luhmann［1992a:170］）。「相対主義や歴史主義といった概念は、その反対概念が欠落しているか消失してしまったがゆえに、説得力をもっているのである」（Luhmann［1990a:170］）。

だから、例えばキャリー・ウォルフェがマツラナとバレラに対して差し向けているような、「ルーマン理論は、あるいはオートポイエーシス概念そのものが、相対主義に他ならない」といった批判は無意味である（Wolfe［1995:62-66］）。それに対置すべきものがそもそも存在しないからだ。可能なのは、ある人が相対主義について語っているとき、どんな区別が前提とされている（それが盲点 blinder Fleck の位置におかれている）かを観察することのみである（セカンド・オーダーの観察）。換言すれば、それらの議論の内容の当否について論じるのではなく、それらの議論において何が見えなくされているのか、またそれらの議論からどんな帰結が生じるのかを観察しなければならないのである。

念のために付言しておくならば、これはあらゆる議論が等価であるとか、いつでも任意のところから再出発しうるとか、あるいはこれまでの歴史のなかで築き上げられてきた社会理論の蓄積を、あるいは近代社会が長期にわたる苦闘の末に勝ち取ってきた「人権」などの成果を、無視してよいなどといったことを意味するわけではない。われわれが主張したいのは、それらの伝統や成果が重要性をもつのはあくまで固有値としてだということである。逆にいえば、われわれが現に「巨人の肩の上」に立っている以上、それが固有値としての重みをもつことを否定できはしないのである。

(14) 〈合法／不法〉という区別を（直接的には、権利概念を）人間以外の対象（樹木）にまで適用しようとした興味深い試みとしては、クリストファー・ストーンの議論があげられよう（Stone［1972＝1990］）。ただし、大澤［1991:304－333］が明らかにしているように、この区別が無制限に用いられた場合には、区別の使用自体が実質的な意味をもたなくなってしまう。しかし〈合法／不法〉という区別それ自身のうちには、拡張的使用を阻止するいかなる契機も存在しえないように思われる。第三章で論じるように、この区別に制限を加え規定性を付与するには、「外部」との接触が必要となる。

(15) 複雑性についてのこの概念規定は、清水博のそれとも共通点をもっている。清水によれば、宇宙ロケットのパーツのように、分解された要素から因果的推論によってもとの全体のはたらきを復元できる「こみいったシステム」(complicated system)と、有機体のような「複雑なシステム」(complex system)とは区別されるべきである。後者の場合、因果的な推論手続によって要素から全体を推論できはしない。複雑なシステムの要素は置かれた「場」によって異なる性質を示すがゆえに、分解すれば要素の性質も変化してしまうことになるからである（清水［1992:112］)。本文で述べた、諸要素間に成立する関係の選択性（およびそこから生じる「創発特性」）こそが、清水のいう「場」に相当するわけだ。

さらにこのルーマンと清水に共通する複雑性概念を、より常識的な複雑性の理解に接続することもできる。「ある現象を複雑なものとして理解するとはすなわち、一定の確かさをもってその挙動を予見しうるようなモデルへは還元できないということである」(Arnaud［1998:160］)。予見しがたさが生じてくるのは、関係の選択性・「場」・創発特性が介在してくるゆえである、と。

ただしわれわれの立場からすれば、清水が「こみいったシステム」においては要素から全体を推論しうると述べている際に前提となっている「因果律的な思考」もまた、選択的関係づけによってのみ成立するのではないかとの疑念が生じてこざるをえないのだが。ここではとりあえず、「現実世界の因果の網の目は無限に複雑であるにもかかわらず、原因と結果というたった二種類の因果要因しか存在しないという事実」(Luhmann［1968=1990:21］)に注意を喚起するにとどめておこう。「いったいなぜ二つなのか？　なぜ二つだけなのか？」（同）と。

(16) この事態は、大澤真幸のいう「第三者の審級の先向的投射」とパラレルである。

第三者の審級は、個別の諸身体に帰属する具体的な指し示し（行為）に先行して、その指し示し（行為）の妥当性／非妥当性を決定していたかの如く現れる。つまり、それは、諸身体の指し示し（指向作用）の独特の相互関係の効果でありながら、それらの差し示しの現場に対して論理的に先なる場所に存在しているかの如くに擬制されるのである。（大澤［1992: 113］）。

(17) 同じ事態を、時間次元との関連において次のように表現することもできる。

完全な関係づけは、それ自身としては変化しえない。それは解体するか、あるいはあれこれの関係づけを放棄することによって選択的関係づけへと移行するしかない。選択的な関係づけの領域において初めて、時間が活動し始めるのである。（Luhmann［1990b:64］）

完全な関係づけとは何かと正面から問われたなら、「それはそうであるところのものである」（Sie ist,was sie ist.）、あるいはハインツ・フォン＝フェルスターの表現を借用して、The environment is as it is. と答えるしかない（Luhmann［1993b:49］）。それゆえに、完全な関係づけはシステム形成のためのいかなる契機をも提供しない。現に生じていることと、実現されずに潜在的な状態（実現しているものの「地平」）に留まっている諸可能性のすべての同時的で無差別的な共存が、完全な関係づけを形成するからである。その意味で、完全な関係づけは時間性（Zeitlichkeit）の基礎となる同時性（Gleichzeitigkeit）の領域なのである。

(18) あるいは、区別されるもののうちに当の区別を登場させるという意味で、区別を再参入（re-entry）させる、と述べてもよい（Spencer-Brown［1969＝1987］）。

(19) 例えばエドガール・モランは、複雑性を〈秩序／無秩序〉という区別を用いて記述することを提案している。

複雑性は不確実性に還元されはしない。複雑性とは、豊かに組織されたシステムのただなかにある不確実性なのである。複雑性は、準-偶発的なシステム、すなわち、システムの秩序がシステムに関わる偶発性から切り離しえないようなシステムに関わる。つまり複雑性は、秩序と無秩序のある種の混淆に結びついているわけだ。(Morin [1990＝1993:53])

(20) ルーマンはこの種のメタ・レベルのオブジェクト・レベルへの組み入れを、ダグラス・ホッフスタッターに言及しつつ、「もつれたハイアラーキー」(tangled hierarchy) ないし「不思議の環」(strange loop) と呼んでいる。ホッフスタッター自身は、裁判のケースなどを例にあげている。裁判所は紛争当事者双方に対してメタ・レベルから裁定を下すものとされている。しかし裁判所自身がしばしば紛争の当事者となってしまう。ウォーターゲート事件の際には、連邦最高裁すらそのような紛争に巻き込まれるところだった。ニクソンは、最高裁の最終的決定には服するが、何が最終的決定であるかを決める権限をもつのは自分であると主張した。最悪の場合、「ここからまた新しい裁判沙汰が生れ、システム全体が大混乱に陥ったことだろう。まったく予期しない事態だからである。あまりにも**もつれ**、あまりにも**不思議**である!」(Hofstadter [1979＝1985:682])。なおゴシックは原文)。しかしむしろこれはありふれた社会現象だというべきだろう。というよりも第三章第6節で述べるように、われわれはこの「ストレンジ・ループ」のうちに何らかの神秘的事態を見いだそうとする思考を、徹底して拒否しなければならないと考えている。

　ハートもまた、法におけるこの「不思議の環」に言及している。ただしそこでは、あらゆるルールに含まれる確実な部分と不確実な部分を弁別することによって「もつれ」を解消しうるという、いささか安易な解決(ルーマンの言葉でいえば、「脱パラドックス化」の方策)が選び取られているようだ(Hart [1961＝1976:166])。Hart [1983＝1990: 195-205] も参照。こちらの議論では、自分自身にしか言及しない法は無限後退を引き起こすが、自分自身と同時に他の法にも言及するのであれば問題ないというかたちで「解決」がはかられている。

(21) 馬場［1995］ではこの事態を、「民主制は、当の民主制を破壊しようとする勢力をも、自己の構成員として容認すべきか」という「民主制の自己破壊」の問題に即して論じておいた。本書第三章第4節も参照。

(22) 「パラドックス」を次のように定義しておこう。例えば〈コンスタティブな普遍性／パフォーマティブな個別性〉という区別にしても、まずはこちらについて語り、次に他方を問題とするというように、時間を用いて境界を横断している限り、別に問題は生じない。この時間を用いた「横断」(往復)を「振動」(Oszillieren) と呼んでおく。しかし両方を同時に扱おうとすると、もはやそれにさらなる言明を接続することはできなくなる。「われわれが《パラドックス》という名ですでに知っているのは、この振動が同時に、あるいは極端に短い時間で、生じることである」(Luhmann［1990a:195］)。この意味でのパラドックスは、あらゆる区別において生じうるのである。

(23) 念のために、「ルーマン事典」の類で「システム」を引いてみることにしよう。「システム：……システムとして通用するのは、内(システム)と外(環境)の区別が適用されうるあらゆるものである」(Krause［1999:189］)。これは「システムは環境から区別される」ということ以外、何も述べていないに等しい。一方 Baraldi/Corsi/Esposito［1998］にはそもそも「システム」という項目はなく、「社会システム」と「システム／環境」があるだけである。

第二章

(1) この種の批判に対するルーマンの反論はこうである。「社会システムは人間からなるのではない」というテーゼを批判する論者は、人間、主体、個人といった概念を用いるが、いったいそれらは誰のことを指しているのだろうか。経験的に考えれば各個人はまったくユニークであり、その名前、年齢、住所、性などに言及することによって社会現象を説明できないのは明らかではないか。むしろ批判者のほうが、個人のそういった個別特性を無視して「人間」一般について語りうるかのように考えている点で、個々の人間を軽視しており、真剣に受け取っていないのではないか(Luhmann [1993a:34])。

さらに前章の議論を想起すれば、アルチュセールとともにこう付け加えることもできよう。

> 一つ確かなことがある。人間から出発することはできないということだ。なぜなら、それは《人間》というブルジョア的観念から出発することになるであろうし、また人間から出発するという観念、換言すれば絶対的な出発点(＝〈本質〉)という観念は、ブルジョア哲学に属しているからである。(Althusser [1973＝1974:40])

すなわち、「社会システムは人間からなる」というテーゼの問題点は、「人間」の内実だけでなく、「特定のモノからなる＝そこから出発しうる」という観念にもあるわけだ。いうまでもなく、それを「ブルジョア哲学」と呼ぶかどうかはまた別の問題である。しかし「ブルジョア哲学」を、「一八世紀に生じた機能分化社会に対処するための、初期のゼマンティーク」と言い換えることができるなら、アルチュセールとルーマンはかなり重なってくるようにも思われる。

(2) この用語法は、コミュニケーションが二つの心的システム(意識、ひいては「人間」)の間でのみ生じるかのような先入見を与えかねないという問題を孕んでいる。とりあえずここでは、両者はともにコミュニケーションの帰属点一般に他ならないという点に注意を促すだけにしておこう。もっともコミュニケーションには常に心的システムの作動が随伴するという点を考慮すれば、右記の先入見は必ずしも無意味とはいえないのだが。

(3) これはディーター・ヘンリッヒがいう、「思念状態を自己に帰属させる場合の直接性」に対応する事態である。「誰かが、事情はしかじかである『と自分には思われる』と報告する場合には、この文の真理値を吟味するよう彼に要求することなどできない」（Henrich［1982＝1987:183］）。それゆえに、主体であるかぎりでの人格が自己についてもつ知識においては、それ相応の距離を設定することはけっしてできないのである。

（4）「展開」に関しては、ルーマン自身の簡潔な説明を引いておこう。

ここでの《展開》という概念は、タルスキとレフグレンに依拠したものである。つまりそれが意味するのは、区別を用いて同一性を打破するということである。その際、同一性の代わりに区別そのものの……統一性が登場してくることになる。（Luhmann［1993a:56］）

（5）このような体験はごく日常的に生じているはずである。しかしここではあえて、古典的文学作品のうちにもうひとつの例を求めておこう。

「大尉にはしかし何と書いてやればいいのだ」とエードゥアルトは叫んだ。「ぼくはもう今すぐに書き始めなければならないのだよ」

「平静で、賢明な、慰めになる手紙を」とシャルロッテがいった。

「それはつまり、何も書かないのと同じだ」エードゥアルトは応えた。

「そうですけれども、それでもいろいろの場合」とシャルロッテは応えた。「全く書かないよりは、むしろ何も書かない手紙を書くことが、必要でもあれば友情にもかなうのです」

（Goethe［1809＝1997:19］）

もちろん大尉は無内容な手紙を書いたというエードゥアルトの伝達行為を「友情」のメッセージとして受け取るだろう。しかしもしかしたら、なぜわざわざそのような間接的なかたちで「友情」を伝達しようとしたのかと、疑いの目を向けてくるかもしれない。

もうひとつ、スラヴォイ・ジジェクなどが好みそうな例を挙げておく。

ブロトが最初に訊問された。

――お前は陰謀を企てたのだな？

――いや、陰謀を企てたことはありません。いま聞いた起訴状にあることはみんな嘘です。

――ほら見たことか。お前はこの期に及んでも裁判所に対して陰謀を企てている。

(France [1912＝1977:303-304])

プロトが自分が陰謀とは無縁であることを証明するために何を述べようと、それを伝達すること自体が陰謀の証拠であるとされてしまう。プロトは自己が無実であることを証明しえない。それを証明するためには、〈情報／伝達〉の差異の消滅という、不可能なことが生じる地点に到達しなければならないからである。

(6) この無限背進については多くの論者が取り上げているが、とりあえず西阪 [1987:180-181] による簡潔な形式化を参照のこと。

(7) 同様の意味でシステム／環境の差異も絶対的であり、両者をともに考慮するというかたちでこの差異を抹消することはできない。しかし通常のシステム理論における〈システム／環境〉は、まさに抹消可能なものとして想定されてしまっている。例えば、ひとつの現象を産出する協働作用因として、である。

システム／環境-理論のコンテクストにおいては、比較的単純な理論の状態がなおも可能であった。それゆえにこの理論は例えば、因果関係の拡充にすぎないとも解釈されえたのである。あらゆる因果的説明においては内的要因も外的要因も考察しなければならない、システムと環境は相携えてある種の協働産出をおこなっている、というようにである。自己言及的システム理論はこうした因果モデルを掘り崩すことになる。その理論では(論理的演繹やあらゆる種類の非対称化と同様に)因果関係が自己言及の一種の編成(Organisation)と見なされる。さらに自己言及的システム理論は、システムと環境の差異を次のようにして《説明》する。すなわち自己言及システム自らだけが、因果関係をシステムと環境への配分を通して秩序づける可能性をもつのである、と。(Luhmann [1984:26])

因果関係を〈内／外〉へと配分する作動そのものが、環境ではなくシステムに属する。したがって、この作動の「外」を考えねばならなくなる。つまり、〈システム／環境〉の差異を、である。

(8)「ということ」が強調されているのは、それがどのように生じるか（より多くの／よりわずかの理解、よりよい／よくない理解、など）およびその判定基準といった問題はここでは無関係であるということを確認するためである。

(9) この論点は、ルーマンの「無意味は存在しえない」というテーゼに対応している。「意味を否定する可能性……もまた、意味的にしか用いられえない。意味の否定もやはり意味をもっているのであり、そうでなければ別の作動がそれに接続することは不可能になる」（Luhmann［1984:96］）。そのような議論は意味概念をあまりにも拡大しすぎているとの批判も、当然生じてくるだろう。例えばゲオルク・ローマンは、現象学的な意味概念と生きた意味（Lebenssinn）を区別すべきであり、喪失しえないのは前者のみであるのに、ルーマンは両者を混同していると批判している（Lohmann［1987:166-167］）。理解についても同様の論難が可能なはずである。しかしこの拡張された理解概念は、次節で述べる「コミュニケーションの接続」や「コミュニケーションの秩序」に関するルーマン独自の議論を展開するためには、不可欠であるように思われる。

(10) ルーマンが次のようにハーバーマスを批判しているのも、以上の文脈において理解しうるはずである。（言語的）コミュニケーションの統一性は、了解への努力という理念的規範（Idealnorm）のうちにではなく、諾／否のコード化（Ja/Nein-Codierung）のうちにある。必然的なのは、コミュニケーションのオートポイエーシスのみである。そしてそのオートポイエーシスは、了解というテロスによってではなく、二分コードによって保証される。コード化されたコミュニケーションにとって、目的は存在しない。存在するのは、あらゆる理解において再生産されるオプション（〈受け入れ／拒絶〉をめぐって続けていく）だけである（Luhmann［1997a:229］）。諾と否のどちらが生じようと、コミュニケーションは続いていく。必然的に続いていかざるをえないのである。

(11) 樫村愛子のこの指摘は基本的には正しい。すぐ後で論じるように、ルーマンはそもそも何かを説明しようとしているわけではないからである。ただし樫村は、先に触れた「コミュニケーションの〈受容/拒否〉」の問題を、「コミュニケーション行為の可能性の問題」と見なすという誤りを犯しているということも指摘しておきたい。〈受容/拒否〉というこの第四の選択は、すでにコミュニケーションの接続が生じていることを前提として、それがいかに整序されていくかに関わるのであり、「可能性の問題」を形成しはしないのである。

(12) 外がない、つまり外部との関係を考えることができない(正確にいえば、外部との関係も内部において想定されるしかないのであって、外部そのものには到達できない)というこの意味において、地平は閉じえないがゆえに閉じているといいうる。

(13) ルーマンはこのような発想の源流を、ベーコン、ホッブズ、ロック、ヴィーコらの洞察のうちに求めている。われわれは間主観的な確実さから出発しえなくとも、すなわちどんな世界のなかで他の人々と一緒に生きているのかを知らなくても、他の人々の活動(Herstellen, Machen, Produzieren, Experimentieren)を観察する(観察者を観察する)ことはできる。そして、それをコピーし、反復することによって、間主観的にたしかな知識へといたりうるのだ、と(Luhmann [1991a:150])。

(14) さらに、「何もしない」よりもいっそうネガティブな事態、すなわち「正常な」対応に失敗したりそれを拒絶するということもまた、後続するコミュニケーションの手がかりとなりうる。あるいはコミュニケーションが継続する限り、その失敗・拒絶は取り消しえない前提として機能してしまうのである。例えば精神科医と患者の間で、「患者には自明性が欠如している」との了解が成立したとする。するとまさにこの「自明性の欠如」こそが二人を結ぶ感情的絆となる(その限りで、二人の間での「自明性」となる、といってもいいかもしれない)。こうして「『あたりまえの欠如』を実体的に医者と共有してしまった以上、医者と関係を結び続けている限り、彼（女）は『あたりまえ』を経験することができないことになるだろう」（新宮［1989:109］）。かくして患者はダブル・バインド状態におかれることになる。このように『あたりまえ』（Selbstverständlichkeit）の欠如を、二人の間に自明なもの（Selbstverständlichkeit）として通用させること、これは、精神療法を維持するための賭金であるが、それゆえにこそ、精神療法関係は論理的矛盾と相互疎外の場であることを免れえないのである」（新宮［1989:110］）。

なお新宮一成は同書で、「自明性」という言葉は言語外の対象物などを指示するのではなく、「再び言葉によってそれを言い換えていく可能性のみを伝達する」と指摘している。「したがって問題は、この言葉の自己言及的な円環が、発し手と受け手の関係をどのように構造化するかということのみである」（新宮［1989:190］）、と。この議論は、DKにおいて問題なのはコンセンサスなどではなく、円環のなかで規定性が波及していくという事態であるとのわれわれの論点と一致する。

(15) ついでに述べておくならば、ここにおいてはもはやパーソンズのDKにおいて問題にされていた、「どちらが先に始めるか」という論点は意味をなさなくなる。始めたほうも後に回ったほうも、等しく利得をえることができるからだ。先に決定する者は、選択の自由を利用しうる。しかしそうすることによって、他者のために複雑性を縮減してやることになる。一方後に回る者はそれを手がかりにして、自己の合理性を高めることができるのである。ルーマンはこれを、「接続合理性」と呼んでいる（Luhmann［1978:66］）。

(16) 学に対するこのような態度は、「演繹的方法論」とは異なる「サイバネティクス的方法論」と呼ばれている（Luhmann［1990a:418］）。前者においては出発点が、あるいは結果として得られた知が、疑いえないものであると見なされる。一方後者の立場からすればそのような確固たるものは存在しない。確実性は、コミュニケーションのプロセス自体のうちにある。プロセスが続いていく限り、出発点は確かだと見なされるのである。出発点の確実さは、その内容によってではなく、それが出発点に置かれているという位置値（Stellenwert）によっている、というわけだ。

　前章でも引用したように、同様の発想をウィトゲンシュタインのうちに見いだすこともできる。

> しかし言語ゲームとは、時間のなかで反復されるゲーム行動から成り立つものであるから、言語ゲームが成立するにはしかじかのことが絶対に疑いを免れていなければならないと、個々の場合について言うことはできないようである。けれども、原則として何らかの経験命題が疑いを免れていなければならない、とは言えるであろう。（Wittgenstein［1969＝1975:130］）

　ここで時間との関わりに言及されている点にも注目しておきたい（本章第8節を参照）。さらにパスカルもまた、証明の過程で何が明晰な証拠であり何が証明すべき事態であると見なされるかは、もっぱら位置価の問題であることを指摘している。

> ほかのことを証明するために人が取り上げる実例は、もしその実例を証明しようとする場合には、そのほかのことをそれの実例として取り上げることであろう。なぜなら、人は常に、困難は証明しようとすることのなかにあると信じているので、実例のほうがもっと明瞭で、そのことを明示するのに役立つように見えるからである。／そのようにして、一般的なことを明示しようとする時には、その一つの場合についての特殊な規則を提供しなければならない。ところが、一つ特殊な場合を明示しようとする時には、一般的な規則から始めなければならない。なぜなら、人は常に、証明しようとするものを不明瞭だと思い、証明に用いるものを明瞭だと思うからである。そのわけは、人があることを証明すべきものとして提出する時には、そうする以上はそれが不明瞭なのであり、反対に、それを証明しなければならないほうのことは明瞭であるという想像で初めからいっぱいになり、こうしてこちらのほうは、たやすく理解するからである。（Pascal［1897＝1966:80］）。ただし「／」

は原文改行箇所）

われわれはすでに第一章において、「何を単純なものと見なすか」というかたちで、この問題について言及しておいた。

(17) Luhamnn [1984:7] におけるほとんど意味不明の一節も、以上の議論に即して理解されうるだろう。「［社会学の］古典は古典である。なぜならそれは古典だから。今日の言葉でいえば、古典は自己言及によって自身を証しているのである」。今日の社会学者がウェーバーやデュルケームに言及しつつ理論を組み立てねばならないという必然性は、理論内容から考えれば、存在しない。にもかかわらず現にそれらの名前がことあるごとに引きあいに出されている限りにおいて、それは古典としての権威を保ち続ける。古典の古典たる所以は事後的に発見される。逆にそのような発見がなされ続けている限り、古典は古典であり続ける。またそうである以上それらはさまざまなアクチュアルな議論の結節点として機能し続けるわけだから、今日の社会学者にとっては、それらに言及することによって利得が生じもするのである。

したがって古典とは無限の叡智を収めた図書館であるよりもむしろ、さまざまな方向からやって来ては多様な方向へと流れていく、無数の議論の結節点ないし交差点のようなものである。それゆえに、議論の方向が異なれば同じ古典的理論家も相異なる相貌を呈することになる。

それからマックス・ヴェーバーに関する議論ですけれども、このマックス・ヴェーバー解釈の議論に私は一度も参加したことがございませんし、今後も参加するつもりはありません。この議論には基本的な誤謬があります。それはマックス・ヴェバーは一人であったという間違いであります。実際には何人ものマックス・ヴェーバーがいたのです。つまりマックス・ヴェーバーは様々なことを言っている何人ものマックス・ヴェーバーの集合体だった訳で、どの解釈が本当のマックス・ヴェーバーであったかというような議論はちっとも面白い議論ではなくて、誰でもがすきなものを持ちだしてくればいい訳

です。（一九九一年京都におけるルーマン・シンポジウムでの発言。河上編［1991:92］より引用）

(18) ルーマン理論は社会の「無根拠性」を強調しているという解釈は――馬場［1990］における筆者の議論もしばしばそう受け取られてきたようだが――、〈根拠／事実的になされる根拠づけの作動〉という区別を無視している点で、問題を孕んでいるといわねばならない。われわれが問題にしているのは、〈根拠／無根拠〉ではなく、〈根拠／根拠づけの作動〉である。あるいは、〈〔根拠／無根拠〕／作動〉であるというべきかもしれない。本書の結語を参照。

(19) アルチュセールもまた、通常「自然状態」と等置されることの多い「戦争状態」は、自然状態を克服することによって初めて生じてくると指摘している。

　個々人の〔特殊〕利害（l'interet particulier）というカテゴリーが、戦争状態において存在する社会的諸関係の状態に特有のものであることを指摘することは重要である。じっさい、最初の自然状態の人間的動物には個々人の利害はない。なぜなら何ものも彼らを他の人間と対立させることができないのだから。この時期にはあらゆる対立の条件、すなわち必要な諸関係がいまだに存在しないのである。（Althusser［1966＝1974:155］）

ルーマン自身もまた、社会契約論のうちに孕まれるパラドックスについて論じている。困窮状態（eine Not）こそが契約締結への動機を与えるとされているが、しかし困窮それ自身を説明するためには、諸個人が社会契約なしでも自分の命をつないでいくことができるということから出発しなければならないのだ、と（Luhmann［1995b:111］）。

　さらに本文で言及した、DKを「ネゴシエーション」の問題として捉えてはならないという議論をも想起されたい。ネゴシエーションも戦争状態と同様、「必要な社会関係」がすでに成立していることを前提とする。逆にいえば、「必要な諸関係がいまだに存在しない」状態こそが「純粋なDK」なのである。

(20) 「人」は、他の心的システムないし社会システムによって観察された心的システムを意味している（Luhmann [1984:155]）。それは具体的存在ではなく、コミュニケーションの目標（配分 allocation と宛先 adress のポイント）のために構成された統一性にすぎない（Luhmann[1988d:339]）。

(21) ルーマンは、一八世紀以前の階層分化社会における「階層」（Schichtung）と対比させつつ、近代の機能分化した社会における「階級」（Klasse）を次の二点において特徴づけている。(a) かつての階層は、全体社会のみならず、宇宙を包括する秩序そのものを意味していた。しかし現代における階級は、もはや全体社会を統一する序列秩序としての意味をもちはしない（Luhmann [1985:132]）。(b) かつての階層は、それに所属する人々の相互作用の様式にきわめて強い規制を及ぼしていた。したがって階層が違えば、相互作用の範型も質的に異なっていた(Luhmann[1980:72-161])。一方機能分化社会における階級は、相互作用を規制することを放棄した、〈よい／よくない〉という量的差異に関するグルーピングとなっている。確かにそこでも、上層の人々は下層の人々と比べれば、一定のよりよいチャンスをもつ。しかし相互作用においては、前者といえども誰もがするようにふるまわなければならない。買物をするときは、誰もが買物をするようにする。愛する場合も同様である。高価な物、美しいパートナーが登場するという違いがあるだけのことだ、と（Luhmann [1985:130]）。

(22) 近年カルチュラル・スタディーズなどによって論じられることの多い、「文化の固有性・純粋性」に関するルーマンの議論を引いておこう。

再生産がなければオリジナルなものも存在しないだろう。マスメディアがなければ文化を文化として認識することもできないだろう。このような反省的な、自身を文化として知っている文化は、その反対概念である「純粋性」「固有性」「自発性」などをも同時に産出する。しかしこれは、自己言及を含んだ普遍的な現象が問題となっているのだということを確証しているにすぎない。（Luhmann［1996a:155］）

（23）起源についての問いもまた、複雑性についての問いと同様、ひとつの区別を導入したあとでしか発せられえない。起源に関する問いは、自らの起源を忘却しなければならないのである。

情報を構築しプロセシングするなかでシステムは、エントロピーとして、利用可能なあらゆる差異の消失（システムと環境の差異を含めて）として記述されねばならなかったはずの状態から離れていく。情報処理とは、ネゲントロピーの産出なのである。しかしそれは、無からはじめて、起源を生ぜしめるということではない。つまり、無からの創造（creatio ex nihilo）のモデルに従うわけではないのである。そうではなくて情報処理は、現存するもののなかに区別を読み込み、それを用いて作業していくのである。たとえシステムの作動のなかで起源についての、創設行為（Gründungsakt）についての問いが立てられたとしても、その時にはすでに関心をアドホックな方向へと向けるひとつの区別が踏まえられてしまっている。すなわち起源が、それ以前にあるもの（したがって、関心を引かないもの）から区別されているのである。システムのあらゆる作動は情報処理である。こう述べることによってわれわれは、「オートポイエティック・システムは作動上閉じられたシステムである」ということをくり返しているだけなのである。（Luhmann［2000a:57］）

（24）ルーマンは、法的議論における根拠の役割について次のように述べている。その役割とはすなわち多くの決定を、細部に関してコントロールされうる連関へとまとめあげることである。そうすればどんなアクシデントが生じても、あらかじめそれを予期していたかのように扱いうる、というわけだ。その点で根拠は、決定連関の保障としては代替不可能である。それゆえに法律家には、根拠が決定を正当化するのであって逆ではないように見えるのである。ただし実際にはそこで問題なのは、あくまで非対称化（すなわち、空虚な円環の打破）なのであるが（Luhmann [1986d:33]）。

(25) 以下の議論に際しては、樫村 [1998] および中野 [1997] を参照した。

(26) これまた長くなるが、引用しておこう。

《親愛なるラカン氏、あなたに新しい難問を考えていただこうと思い急いで筆をとりました。じつを言いますと、昨日正しいとされた推論は決定的ではありません。その理由は三つの可能な組合わせ、○○○——○○●——○●●のそれぞれは（外見に反して）他の組合わせに単純化することができないのです。つまり決定的なのは最後の組合わせだけです。》／《帰結——Aが自分を黒であると仮定してもBとCは出て行くことができません。その理由は、彼らはお互いの行動によって彼らが黒であるか白であるかを推論することができないからです。なぜならば、もしひとりが黒であればもうひとりは出て行きますし、またひとりが白であってももうひとりは出て行きます。その理由は最初のひとりは出て行かないからです（これはお互いに代用可能）。Aが自分を白だと仮定しても彼らはやはり出て行くことができません。その結果、やはりAは他人の行動によって自分の円板の色を推論できません。》(Lacan [1966 = 1982:284])。ただし「／」は原文の改行箇所）

この学生の議論のポイントは、こうである（図3を参照）。Aは自分を黒であると仮定する（以

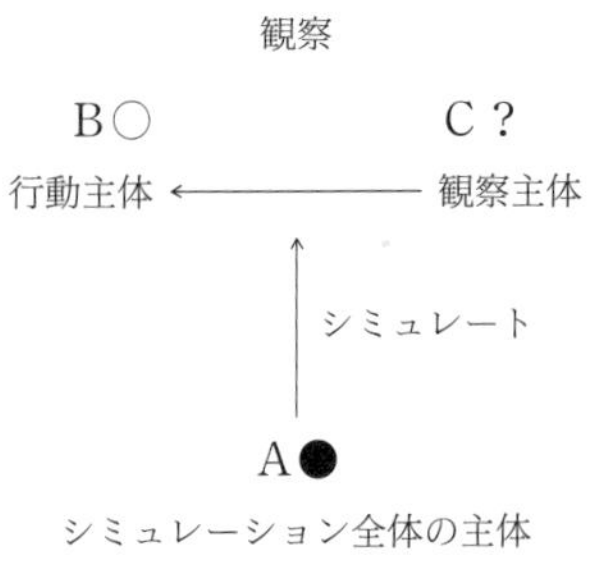

図3　各囚人の役割

下の議論はすべて、Aによるシミュレーションとしてなされる）。このとき、CはBの行動を観察することによって自分の色を決定できる（そして、出て行ける）か否か（このとき、Bが黒であればCは黒二つを見ているから、Bの行動抜きに自分が白であると判断できる。これが、学生がいう「決定的な」ケースである。したがってこの場合は問題から除外できる。だからBは白。ただしもちろんB自身はそれを知らない）、およびその逆。

結論は、できない、ということになる。Cが自分を黒と仮定する。このときBは黒を二つ見ているから、自分は白であると悟って出て行く。次にCが自分を白と仮定する。このときBは白と黒を見ているが、その白であるCは、なにしろBの行動によって自分の色を判断しようとしているのだから、動かない（この不動は、ラカン自身が想定しているケースとは異なって、時間の流れのなかで一瞬だけ生じる「ためらい」ではなく、論理的に想定されたものであるという点に注意されたい）。したがって自分は黒ではない。ゆえに、やはりBは出て行く。

かくして、Cは自分の観点からのシミュレーションの結果、自分が黒であると仮定しても白であると仮定してもBは同一の行動をとるはずだとの結論にいたることになり、判断のための手がかりを失ってしまう。そしてこれは、BとCの立場を入れ替えても成り立つ。

以上により、BもCも自己の色を確定できないから、出て行かない。したがって、自分が黒だとすればBもCも出て行くはずなのにそうしないのだから自分は白である、とAが判断することはできない。

(27) 逆にいえば推論の厳密さに固執している限り、決して真理には到達しえない。ラカンは学生の批判に、次のようにコメントしている。

……われわれの反対者は事柄をあまりよく見すぎたために、囚人の判断を決定するのは他人の出発ではなく彼らの待機であるという事実にめくら〔ママ〕になってしまった。そして、実際にいささか性急にわれわれを論破しようとしたために、われわれがここで論証しようとしていること、つまり論理における性急さの機能を取り逃がしてしまったのである。(Lacan [1966 = 1982:284]。ただし傍点は引用者)

(28) したがってわれわれは、コミュニケーションの連鎖によって間主観性が形成されていくプロセスを研究し、そこに潜む「法則」や「パターン」を探り当てたり「モデル」を提出しようとする誘惑に対して抗わねばならない。そのような問題設定によって、再び事実的に生起するコミュニケーションを超越する何ものかがあらかじめ存在しているはずだとの仮定が持ち込まれてしまうからだ。例えばベイトソンは、次のように述べることによって、われわれの「間主観性はコミュニケーションの事実的な連鎖のなかでの固有値として成立する」というテーゼに接近しているように見える。

> 冗長性、意味、パターン、予測可能性、情報等々を作り出し、あるいは「拘束」によってランダム性を減じることが、コミュニケーションの本質であり、その存在理由なのである。(Bateson [1972 = 1990:204])

しかしベイトソンの場合、この「複雑性の縮減」は事実的な固有値としてではなく、包括的パターンへと包摂されることによってはじめて確実なものとなるとされているのである。

> メッセージというものは、単に内的にパターンづけられているだけでなく、それ自体が、より大きなパターンの世界——文化ないしその部分——をなすものだ。芸術の伝達を含めたメッセージ一般について、それを包み込む大きなパターンも同時に見据える思考のシステムを築くことが何よりも重要であるとわたしは思う。(Bateson [1972 = 1990:204])

このように文化を包括的パターンとして想定することから生じる問題点に関しては、荻野[2000]も参照のこと。

(29) 筆者が、樫村[1998]および中野[1997]の結論に同意しえないのは、この点に関してである。

ラカンの議論から導き出される帰結を一般化すれば、あらゆる知は転移なしには不可能であるということになるはずだ。ところが中野昌宏は貨幣が「せき立て」によって成立する歴史的経緯のシミュレーションを、樫村愛子の場合は失語症や自閉症の症例を経験的に研究することを、今後の理論展開の方向として「性急」に示唆してしまっている。これではあたかも、転移について転移なしに語りうるかのようではないか。

「ラカン派社会学」は、自己の理論枠組の内部において、この理論を破壊ないし黙殺しようとする他者を「処理」しうるのだろうか？

第三章

（1） ただし当然のことながら、三者それぞれの様態やそれら相互の関係や相対的な比重などは、時代によって変化している。その種の変化のうちに、近代社会をそれ以前の社会から区別するメルクマールを求めることも可能だろう。例えばアンソニー・ギデンズは、パーソナルな関係の領域において伝統による拘束（家父長制など）が消失して自由度が増大すると同時に不安定性も大きくなるという過程を描き出している（Giddens［1992＝1995］）。ギデンズにとってはこの両面的過程は、近代社会においてミクロな人間関係のみならず、マクロな政治的領域でも進行している「民主化」の一環なのである。「形式的民主制の諸規範と……良好な人間関係のそれとは、衝撃的なほどよく似ています」（Giddens/Pierson［1998:125］）。ギデンズにとって〈ミクロ／マクロ〉という区別は、差異であると同時に統一的原理によって媒介されるべきものとして想定されているわけだ。一方ルーマンにとっては親密な人間関係の領域は、経済、政治、法などと並ぶ、機能分化したシステムのひとつである（Luhmann［1981a:366］では、「家族」と「歓談 Unterhaltung」が、異なる機能領域としてあげられている）。そしてすぐ後で述べるように、機能分化しているということは、他のシステムと媒介したり、統一的原理のもとに包摂したりはできないということを意味しているのである。ここでもルーマンが、「差異を真剣に受け取る」態度を取っていることがわかるだろう。

(2) したがってルーマンは初期から一貫して、既存の構造を前提とした「システムの存続」を軸にして理論を組み立てることに対して批判的な態度を取ってきたはずである。にもかかわらず初期から晩年に(あるいは今日に)いたるまで、ルーマンはシステムの存続のために個人の自由や「差異」「ゆらぎ」を奉仕させようとしているとの批判がなされてきたのは、奇妙という他はない。

初期に関しては、ハーバーマスの批判を代表としてあげることができよう。

> ……社会システムの存立の一般的諸前提……は、……つきとめることのできないものである。というのも、社会システムが存立するための諸前提は、社会化された諸個人の歴史的に変化する文化的自己理解に左右されない数値としては、そもそも有意味に概念化されえないからである。死という「明確に区切られた」問題とこれに対応する生存の基準とが〔社会科学に〕欠けているのは、社会が再生産するのはけっして「裸」の生ではなく、常に文化的に規定された生だからである。(Habermas/Luhmann [1971:151 = 1987:193-194])

ルーマンはこの点を無視して、現存の社会構造の維持を、社会システムの存続のために不可欠なものとして正当化してしまっている、というわけだ。もちろんルーマンの「機能-構造主義」は、構造の機能を問い、その機能をめぐる代替物を考えることを可能にしはする。しかし結局のところ構造の機能が常に「複雑性の縮減」に関係づけられており、その複雑性の縮減がシステムの存続のために不可欠だとされている以上、やはり存続が機能分析の最終的な準拠点として登場してこざるをえないのである、と。

われわれはすでに第一章において、「複雑性の縮減」は何かへと差し戻されたり何かのために役立ったりするものではなく、システム理論について語り始めること、すなわち〈システム/環境〉の区別を投入することと同義である点を強調しておいた。複雑性の縮減が、「何か」(システムの存続）のために必要とされるのではない。その「何か」について語るためには、複雑性が縮減されねばならないのである。

（3）ここでの「観察」とは、区別しつつ指示するあらゆる実践を意味している（Luhmann[1997a:757]）。したがってそれは、「関係を取り結ぶこと」と同義であると考えてかまわないだろう。正確にいえば観察は、次の注（4）で述べる「全体社会の作動としてのコミュニケーション」の一局面なのである。

（4）ルーマンによれば全体社会はあらゆるコミュニケーションを包括する社会システムであり、「コミュニケーションが成立する場合には常に、全体社会が形成されている」（Luhmann［2000b:16］）。

そして、コミュニケーションは常に生じてしまう。前掲注（3）で述べた「観察」も含めて、ある社会システムが取り結ぶあらゆる関係は、すでにコミュニケーションが成立していることを前提とするのである。したがって、その関係は常に全体社会の内部において生じる。

（5）神学とルーマン理論の関わりについて論じるオットー＝ペーター・オーバーマイヤーは、ルーマンは全体社会と下位システムの関係を双方向的なものとして捉えるべきだと批判している。すなわち、あらかじめ存在しているふたつの実体間の関係として定式化すべきだ、と。そうすれば機能と遂行をことさら区別する必要はなくなる。システム言及の違い（関係の宛先は全体社会か、それとも他の下位システムか）だけを考慮すれば十分である、というわけだ（Obermeier［1988:268］）。興味深いことにこの批判は結果として、ルーマンのシステム理論は全体社会を操作対象と見なす「テクノクラティック」な性格を徹底しえていないとの趣旨になっている。

（6）この意味では、フィリップ・アリエスのいうように、現代文明はまったく「物質的」ではない。今日では、品物のうちに「一つの魂」を見てそれを愛するなどということは、もはやない。「品物は生産手段か、消費すべきもの、むさぼり食うべきものになってしまった」（Aries［1977＝1990:117］）。つまり品物は常に、特定の機能に関して代替可能なものと見なされているのである。

(7) したがって一貫して機能的方法に基づいて議論を展開してきたルーマンが、晩年に受けたインタビューのなかで、「あなたは近年になって、《新しい社会運動》をより高く評価するようになったのではないか(その点で、「批判理論」に接近しているのではないか)」との質問に、次のように答えているのは当然のことである。自分は社会理論こそがラディカルであると一貫して主張してきた、自分の理論は保守的である(あった)との誤解があるから、過去の発言の断片がそういうふうに読まれてしまうのだ(Luhmann [1996b:199-200])。またルーマンは同様の論拠から逆に、「批判理論」が反対者としての自己の立場を特権化しがちな点を揶揄してもいる。社会学は自己を、ブルジョア社会の代表者に対する反対者として描き出してきた。しかし批判と危機のゼマンティーク自体が、ブルジョア社会の現象なのである、と(Luhmann [1991a:147])。

(8) もっともルーマンは「新しい社会運動」に対して、全体社会システムの機能分化に対する抵抗であり、それへのオルターナティブを求めようとする試みであるとして、肯定的なコメントを加えてはいる。ただしその意義はあくまで、「機能主義へのオルターナティブ」が孕むパラドックスを体現しているというところにある。新しい社会運動は、全体社会が機能分化しており、機能的等価物を受け入れる準備ができているということを前提としている。すなわち、この運動が提起するオルターナティブは、全体社会が許容するものであり、全体社会に対立しはしないということを前提としているのである。しかし同時にそのことを隠さねばならない。さもなければ「批判」としての意味をもちえないからである。しかしまさにこのパラドックスのゆえに、「それが実り多く働き始めているということの兆候が欠けているわけではないのだ」(Luhmann [1987f:173])。

したがって新しい社会運動の意義を、革新のためのヴァラエティ・プールや(Melucci [1989＝1997:226])、社会民主主義運動が失ってしまったラディカルな反システム性(Arrighi/Hopkins/Wallerstein [1989＝1992:97])といった統一的な効果のうちに求めるのはナンセンスである。まさにそのような性格づけによって、新しい社会運動は機能秩序のうちに引き込まれてしまうからだ。

(9) ハインツ・フォン＝フェルスターは、生物学の領域でこれに対応する、「ある神経細胞の刺激状態（Erregungsstände）は、強さだけをコード化するのであって、刺激原因の性質をコード化しはしない（コード化されるのは、『私の身体のこの位置におけるこれこれこのくらい So-und-soviel』だけであって、何が was ではない）」というテーゼを、「無差別的コード化の命題」（der Satz der undifferenzierten Kodierung）と呼んでいる（Foerster [1994:31, 56]）。

(10) このオートポイエーシス概念の採用（あるいは「オートポイエティック・ターン」）に関しては、早くから賛否両論が寄せられてきた。一方で、ルーマンは生物学由来のこの概念を不当に拡張ないし誤用している（Lipp [1987]）、あるいはその結果としてルーマンは、社会を一種の有機体として物象化するにいたっている（Alexander [1998:214]）という批判の声がある。他方で、社会科学にはもともとオートポイエーシスと親和的な発送が含まれていたとの（Haferkamp/Schmid [1987:62]）、さらにはルーマンはオートポイエーシスを単に輸入しているのではなく、この概念に対して独自の貢献をなしているとの（Hayles [1995:97-99]）擁護の声もある。本書ではこの問題については答を保留しておく。ただし、次のような仮定に基づいて議論を進めているということは再確認しておきたい。すなわちルーマンはこの「ターン」によって自己の立場を大きく変化させたわけではない。「ターン」以後強調されるようになった論点（例えば、システムの閉鎖性）にしても、「オートポイエーシス」概念から導き出されてルーマン理論に付加されたのではなく、すでにそれ以前の議論のうちに潜在的に含まれていたのである、と。だからこそ本書では、「ターン」以前と以後とを特に区別しないで論じているのである。

(11) マツラナとバレラの見解もまた、オートポイエティック・システム間の関係ということの問題（「人間と社会の関係」と定式化されたそれ）をめぐって分かれることになった（河本 [1995:249-

250]）

(12) 法学関係者が特にこの問題に敏感に反応するのは、ルーマンの議論がある種の逆行（ないし「反動」）に見えるからであろう。ノネとセルズニックは法を、〈抑圧的法／自律的法／応答的法〉の三種類に分類した上で、現代の法を特徴づけるのは「自律的法から応答的法へ」という流れであると主張している。自己の完潔性維持を至上目的とし、そのために自らを隔離し形式主義に固執する自律的法。それに対して現代社会が必要とする応答的法においては、

> 法の諸制度は、自律的法における隔離の安全性を投げ棄て、社会的秩序づけと社会変化とのもっと動的な道具とならなければならない。このように再構成されたヴィジョンにおいて基本的な要素となるのは、積極主義（activism）、開放性（openness）および、認知能力（cognitive competence）である。（Nonet/Selznick［1978 = 1981:116］）

このような議論からすれば、法の開放性を放棄して閉鎖性に固執しようとするルーマンの議論は、反動以外の何ものでもないということになろう。現に、ルーマンの議論は古くさい法実証主義に新しそうなラベルを貼ったものにすぎないとの批判も出てきている（Cornell［1995:234］）。

(13) ある意味で批判者たちにとってルーマンの議論は、開かれたものであるはずのシステムを閉じられた固定的存在として捉える「物象化的錯視」を体現した反面教師として、必要不可欠なのである。リヒャルト・ミュンヒも、閉鎖性テーゼは分析的にのみ妥当するのであって実際には成立しないと批判したうえで、機能分化したシステムの自律性のみを強調するルーマン理論は、保守と革新の両陣営によってイデオロギー的に利用されていると指摘している。保守の側は、現行のシステムのコードとプログラムを維持するために。そして革新の側（ベックら）は、事態をルーマン流に描いたうえで、それを批判するためにである（Münch［1996:34-35］）。

(14) ルーマンは遺稿のひとつのなかで、次のよう

な議論を通して、組織に対して同様の定義を与えている。自己言及システムの理論は、対象（ここでは組織）を本質の仮定によって規定することを放棄する。そのようなやり方では、観察者ごとに本質と見なすものにしたがって、さまざまな定義がなされることにしかならないからである（法の本質、政治の、家族の、宗教の、組織の……）。それゆえ、循環的な定義から出発するしかない。「組織とは、自分自身を組織として生ぜしめる（erzeugen）システムである」（Luhmann［2000a:45］）、と。したがって必要なのは、それがいかにして生じるかを観察・記述することだけである、というわけだ。

(15) 本来決定されえないものがそのつど決定されてしまっているというこのパラドックスに対しては、「権力」（フーコー）、暴力（ジラール、アタリ、アグリエッタ）、主権（アタリ）といった概念によって対処しようとの試みがなされてきた。しかしルーマンはこれらフランス系の議論に対しては、「脱パラドックス化をもたらす変換プロセスを神秘化するだけだ」（Luhmann［1988a:210＝1991:207］。ただし訳文は引用者）と批判している。脱パラドックス化は神秘的な「背後」においてではなくきわめて「世俗的」なかたちで、すなわちすぐ次で述べるように機能分化によって、与えられるのである。

(16) ルーマンの用語に即していえば、ここでは区別がその機能ではなく、遂行において考えられているということになる。「機能」の宛先は、遂行の場合のようにあらかじめ存在するのではなく、下位システムが取り結ぶ諸関係の総体として初めて登場してくるのである。さらに、機能分化そのものが何の役に立つのかと問うてはならないと述べておいたことも想起されたい。そのような問いは機能分化の外側からではなく、機能分化秩序の内部においてのみ生じうるものであった。

(17) ルーマンはこの「排除された第三項が再登場したものとしての寄食者」について語る際には、必ずといっていいほどミッシェル・セールの名前を引きあいに出している（Serres［1980＝1987］）。同書では、一見するとシステムの淀みない作動を妨げるように見える外的な寄食者＝ノイズ（par-

asiteには両方の意味が含まれる）が、むしろシステムの作動を支えているという事態が、多様な素材に即して論じられている。「もしわれわれが寄食のような夾雑物を真に取り除いてしまったとしたならば、それでもなお組織体は残っているだろうか」（Serres［1980＝1987:44］）、というわけだ。

(18) しかしある意味では両者を区別する必要はないのかもしれない。もともとトートロジーそのものが、「差異のない区別」というパラドックスだからである。

(19) この種の議論は、パスカルによっても提起されている。

世の中で最も不合理なことが、人間がどうかしているために、最も合理的なこととなる。一国を治めるために王妃の長男を選ぶというほど合理性に乏しいものがあろうか。人は、船の舵をとるために、船客のなかでいちばん家柄のいい者を選んだりはしない。そんな法律は、笑うべきであり、不正であろう。ところが、人間は笑うべきであり、不正であり、しかも常にそうであろうから、その法律が合理的となり、公正となるのである。なぜなら、いったいだれを選ぼうというのか。最も有徳で、最も有能な者をであろうか。そうすれば、各人が、自分こそその最も有徳で有能な者だと主張して、たちまち戦いになる。だから、もっと疑う余地のないものにその資格を結びつけよう。彼は王の長男だ。それははっきりしていて、争う余地がない。理性もそれ以上うまくはできない。なぜなら、内乱こそ最大の災いであるからである。（Pascal［1897＝1966:196］）

ただしこの議論を、世襲王制は内乱の回避という あらかじめ存在する問題の解決に役立つがゆえに正当化される、というように読んではならないだろう。その種の議論は、根本的な内乱が回避された状態においてのみ可能となるからだ。内乱の回避のほうが継続よりも望ましい――この点に関するコンセンサスが成立していない状態こそ、真に内乱と呼ばれるにふさわしいはずである。

（20）ルーマンはこの「重層的決定」を、「超複雑(hyperkomplex)な事態」というように言い換えてもいる。政治システムは、超複雑な因果性問題に直面する。このシステムが超複雑であるのは、原因と結果の帰属それ自体が因果要因となるからである。かくして政治は非決定的な事態としてではなく、重層的に決定されているものとして把握されねばならない。だからこそ政治は、世界の因果性という固い結び目に縛り付けられることなく、結び目から結び目へと移動しうるのである、と(Luhmann［1995b:136-137］)。

（21）「無内容な貧しさ」の必要性というこの論点に関しては、「悟性(Verstand)」と「理性（Vernunft)」の関係についてのジジェクの議論も引いておこう（Žižek［1991:157-164］)。通常の理解によれば悟性は、現実の豊かさを捨象しつつものごとを抽象的に把握しうるにすぎない。理性によって初めて、抽象的思惟が再び豊かさを獲得しうるようになる。そしてヘーゲルがカントを批判したのはまさにこの点についてであるとされている。このカント批判が、「形式主義」へのあらゆる批判の雛型であるといってもいいだろう。しかしジジェクによればヘーゲルにとって悟性とは、自らの抽象性を「超えた」ところに何か豊かなものがあると考えるような思惟のあり方を意味しているのである。それに対して理性への移行は、主体が、悟性の彼方には、あるいは悟性に先立っては、何ものも存在しないということを自覚したときに生じる。彼方に位置するその牧歌的・有機的全体（「有権者の意思」や「生活世界」）は、悟性そのものによって回顧的に設定された（前提とされた）ものであるということを、である。（Žižek［1991:159-160］）

この議論をふまえるならば、ルーマンこそが理性に到達しえているのであって、「システムの閉鎖性」を超えたり補完しようとする論者こそが、形式的体系の「彼方に、あるいは先立って」より根源的な何かが存在するはずだという、悟性特有の思い込みに囚われているということになる。

（22）ルーマン自身は、機能システムとしての学と全体社会との関係を、「ホログラフィック」理論のプログラムで考えようとする議論（全体が部分のうちに織り込まれている云々）を、「表出主義（Repräsentationismus）の一種」と呼んで批判している。問題とされるべきは表出ではなく、構成であるはずだ。学と全体社会の類似性を記述しうるような外的視点は存在しないのだから、と。（Luhmann［1990a:656］）

（23）　ウォーラーステインや姜尚中のこの議論から導き出される実践的指針は、例の「神は細部に宿り給う」路線であろう。つまり個々の現場において人種や国民などをめぐって生じる具体的課題に取り組みつつも、それらを真の現実である世界資本主義システムという全体的文脈へ関係づける普遍的視点を、常に保持しておかねばならない、と。あるいは昨今の言葉でいえば、Think grobally, act locally ということになろうか。

近代世界システムは、ますます世界大の規模をもち、超国家的な構造をもつ運動の場となる。こうして、運動にとって、国民的舞台は非常に多くの連結した闘争の場となり、その闘争は事実上世界大のものであるというだけでなく、活動家たちも、それを通例の用語で「グローバル」なものであるとますます考えるようになる。（Arrighi/Hopkins/Wallerstein［1989＝1992:149］）。

姜尚中もまた、さまざまな「反システム運動」の「個別的な独自性」を重視するとはいいながら、結局のところ個別的なもののなかに常に同一の「神」（すなわち「世界経済における分業の展開」）を見いだしうると主張しているのである（姜［1994:200］）。しかしこれでは、独自性は神の秩序の枠内に位置づけられうる限りにおいて承認されるということになる。極端な場合には、このグローバルな次元への回路を考慮せずにひたすら自己の課題にのみ執着する態度は「反システム運動」ではなく、単なるテロリズムにすぎないとの結論にすらなりかねないだろう。

アラン・リピエッツがエコロジー問題に関して述べていることは、「反システム運動」一般に関しても妥当するように思われる。「『グローバルに考え、ローカルに行動せよ』というのは神秘的なエコロジーのスローガンに過ぎず、真に現実的なエコロジーのスローガンは『グローバルに行動し、ローカルに考えよ』というものでなければならない」（浅田［1994: 111］より引用）。

“Think globally, act locally.”の場合、各人が自分の「持ち場」において直面する多様な課題に取り組みつつも、いつかはそれらが普遍的な価値のもとでひとつに統合されて世界全体を変革していく運動となるとの展望をもてるはずだ（もつべきだ）云々ということになる。まさに「神は細部に宿り給う」というわけだ。この議論が「神秘的」なのは、諸部分が予定調和的に全体へと統合されることが、あるいは異質な諸部分のうちに同一の全体があらかじめ含まれていることが、前提とされてしまっているからである。これこそ先にわれわれが「表出主義」と呼んだものであった。

一方“Act globally, think locally.”の立場では、例えば、まず事実として二酸化炭素排出量規制が必要だというところから出発して、世界全体でその目標値を定めてしまう。しかしそれを各国に割り当てて実行するというプロセスにおいては、個と全体の調和をあらかじめ想定しえないと考える。したがって新しい価値観やライフスタイルの必要性を、またそれが結局個々人の利益にも繋がる（部分と全体は調和する）はずだと、単に説いたりするのではなく、「個々人の直接の利益に反することもあるそういうグローバルな規制がローカルなレベルでも受け入れられるように、社会的なマーケティングやエンジニアリングを考案しなければならない」（リピエッツの発言。浅田［1994: 112］より引用）。そのためには、例えば市場メカニズムへの依拠といった戦略をも、ためらわずに用いる必要もでてくるかもしれないのである。

(24)　外見上「純粋な」アイデンティティの根底に、ハイブリッドな諸差異の闘争の場があることを強調するこの種の「闘争理論」が、それ自体「純粋な」（ワンパターンの）閉じられた枠組となってしまいかねないということについては、すでに第一章において指摘しておいた。さらにいえばこの種の「批判理論」は、保守的な言説からさほど距離を取れているわけでもない。さまざまな文化的差異が、闘争によって「構成」されるのではなく、相互に「承認」される（もちろん、ヘーゲル的な意味で）プロセスを考えるべきだ、というように読み替えてみればよい。表出主義のこのポジティブ・ヴァージョンの一例として、チャールズ・テイラーの「多文化主義」をあげておこう。すなわち以下のような議論である。近代社会への移行とともに、階級と地位の格差を前提とした尊厳の概念から、個人化・内面化された真正さの概念への転換が生じてきた。さらに、ルソーに見られるように、そのような真正さを備えた諸個人は、個別的差異を無視して一般意思のもとに包括されることを通して、共同性を形成するものと想定されている。しかしこの種の議論では、個別的な差異において承認されたいという、各人のアイデンティティに関わる願望が無視されてしまうことになる。したがって、承認のためには異なる者どうしの相互作用が必要となるという点を踏まえつつ、この願望を考慮しうるような公共圏のあり方を模索しなければならない。そして同じことが個人についてだけでなく、文化についてもいえるのである云々（Taylor［1992＝1996:37-110］）。

「闘争理論」が個別的文化をより普遍的な深層に位置する権力関係に差し戻すことを通して批判しようとしているのだとすれば、ポジティブ・ヴァージョンのほうはそれを「公共圏」へと根づかせることによって、真正なものへと鍛え上げようとしている、というわけだ。どちらも多様な差異を出発点に据えてはいる。

しかし後者の論法こそ、バリバールが「メタ人種主義」「差異論的人種主義」と呼んだものであった。いわく、諸文化の差異と特性を無視した性急な普遍主義は、かえってアイデンティティへの願望が満たされないというフラストレーションを引き起こし、偏狭な人種主義や「原理主義」を生じさせてしまうことになる。そういった過激な人種主義の登場を阻止するためにこそ、自身の文化を尊重しつつ他文化にも敬意を払うという態度が必要である、これこそが真に差異を尊重するスタイルである、というわけだ。実際には、そこから当の「偏狭な人種主義」までの距離は、ほとんどないのである。例えばかつてのフランスの「国民戦線」のケースを考えて見ればよい。一九八〇年代のフランスにおいて移民排斥を主張することによって支持を拡大してきた国民戦線は、「相違への権利」という多文化主義的な主張を逆手にとって、フランスの文化的アイデンティティを強調し、フランスの国籍法への血統主義の導入を主張したのだった（梶田［1996:296-297］）。

外部のない同一性からではなく差異から出発すること自体が、批判的なポジションを保証してくれるわけではない。その差異が調停・媒介（「闘争」も媒介の一形態である）可能なものとして想定されているのであれば、同一性から出発するのと同じことである。だからこそ、「差異を真剣に受け取る」ことが重要になってくるのである。

(25)　国民国家からの遡行が国民国家へといたるという一見無内容なこの循環関係は、にもかかわらずまったくの無意味ではない。馬場［1986］でも指摘しておいたように、ループの途中に異なる項目（この場合なら、人種主義）が挿入されて、「AはAである」というショートサーキットを免れているならば（つまり、脱トートロジー化されているならば）、その循環関係は、さらなるコミュニケーションのための手がかりとしては十分に機能しうるのである。あるいは循環を形成する連鎖が十分引き延ばされている場合には、ある項は後続する項の固有値として機能しうるのだと述べてもよい。

(26)　ナショナリズムと人種主義自体のうちに（その「本質」からして）ズレや矛盾があるわけではないことに注意されたい。両者の相補的規定性から離れて、それぞれの「本質」なるものが存在するわけではないからだ。人種主義の「本質」を探究しようとする（そして、それに基づいて批判しようとする）試みは、ある種のジレンマにぶつかることになる。というのは、人種主義もナショナリズムも、多様なかたちで常に分岐するからだ。理論的人種主義／自発的人種主義、他者参照的人種主義（他者は劣っている）／自己参照的人種主義（自己は優れている）、制度的人種主義／社会学的人種主義、絶滅の人種主義／抑圧の人種主義、等々。したがっていかなる本質規定も、常に包摂しきれない「残余」にぶつからざるをえない。そして人種主義に、あたかもすでに自己を批判してしまっているかのような挙動を許す結果になる。われわれは確かに人種主義を標榜しているが、これこれの点で過去の悪しき人種主義とは決定的に異なっている、というようにである。現に昨今の「新人種主義」は、悪しき人種主義を批判する議論として登場してきているのである。われわれが試みるべきはあくまで「差異を差異へと変換する」ことであって、差異を構成する項目の「本質」を探ることではない。

(27) 閉じられた同一性を打破するために、一挙に「開放性」(ウォーラーステインの場合なら、イデオロギーの「外」にある階級対立という「現実」)へと向かうのではなく、むしろ徹底的に閉じられたものどうしの無媒介的「接合」(ないし衝突)を考えるというこの戦略を、例えばアドルノの非同一性の哲学のうちに見いだすことも可能だろう。その一例としてここでは、音楽を題材とした議論を取り上げておこう。

> シューマンは、若い頃は自分の楽器であるピアノ——つまり手段——に何か特別の愛情をもとうと思ったが、壮年期には純粋に音楽——つまり目的——に興味をもつようになった、と書いている。けれども、彼の初期の作品は後期の作品よりも疑いもなく優れていて、これは明暗や分散和音の色調や作曲法的構成の緻密さなどをはじめて生み出すピアノ小品の不断に産出的な豊かな幻想と不可分である。芸術家は自分ひとりで「理念」を産出するのではない。むしろ理念は技術的な働きによって得られるので、時にはまだ解明されない児戯にひとしいものによって得られることもあるのである。(Adorno[1955=1996:173])

この議論を次のように解釈してはならないだろう。音楽は閉じられた理念の体系ではなく、人間の身体的条件や楽器の構造などとの「開かれた関係」のなかで、両者の対話を通して生じてくるべきものである。したがってそれらの条件と調和しうるような自然な音楽こそが優れているのであって、観念的な「固有論理」にのみ基づいた「閉じられた」音楽は失敗せざるをえない云々。この種の議論は非和解性を強調するアドルノの解釈として誤っているばかりでなく、シューマンの音楽の実態からも乖離している。というのはシューマンの初期作品は、決して「自然」でも弾きやすくもないからだ。浅田彰も指摘しているように、むしろそのような開かれた、身体に優しい作品を創造したのはショパンのほうであろう。

> ショパン……の作品は〈天才〉にだけ許された見事さでピアノの〈自然〉――むろんそれはイデオロギー的な制度なのだが――に即応して美しい統一を形作っている。だから、それは弾きやすく、覚えやすいのだ。ところがシューマンの曲はあくまでもピアノの〈自然〉に逆らって分裂的な運動を続けようとする。初見で弾くのが難しく、弾けてもなかなか暗譜できないのは、そのせいだろう。(浅田［1992:82-83］)

その分だけ、作品の価値はともかく少なくとも書法という点では、ショパンのほうが単純で常套的であるのは否めないだろう（吉田［1975:22］）。シューマンの初期作品がもつラディカルな魅力は、音楽の理念と外的条件とが、互いに統御も調和も不可能な異質な要素として衝突するところから生じる「分裂的な運動」に、そしてそこから生じる「異化効果」に由来しているのである。理念が物質的条件を統御するのでもなければ、理念が物質的条件という基礎の上で形成されるのでもない。両者は同等ではあるが（あるいはそれゆえに）和解不可能な存在として、端的に衝突する。その意味で、理念もまた物質として機能する。その点でシューマンの初期作品は「唯物論」的であるといえる。同じ意味でアドルノの哲学は、また同様に異質なものどうしの直接的・無媒介的「接合」に注目するルーマンとバリバールの議論も、「唯物論」的なのである。

(28) トイプナーのこの議論は一見すると、法こそが社会の統合を可能にする審級であるとする「法学帝国主義」を放棄しようとする試みであるかのように思われる。法は他の機能システムに自己の秩序を一方的に押しつけたり、上からシステム間関係を規制するのではない。法は各システム独自の合理性基準を尊重しつつ、それらが相互に両立可能になるよう調整するための、ゆるやかな枠組を提供するにすぎない、と。しかしこれこそが、法の地位を自ら低めることによって他のシステムに対する特権的な地位を確保しようとする、「法の帝国」の最後の生き残り戦略なのではないだろうか。ちょうどメタ人種主義が、自己を唯我独尊的存在としてではなく、差異を尊重しあうための基礎として呈示しようとしたのと同様に、である。われわれは「帝国」に対して、これとは反対の攻撃戦略をもって臨む。すなわち、法が社会を統合する審級であることを積極的に承認する。ただしそれはあくまで法システムにとってのことにすぎないと、付け加えねばならないのだが。

(29) したがって合理性は、個別システムに関する「偏った」ものであろうと、メタ・レベルにおけるそれであろうと、システム自身が設定した基準に合わせて自己を調整するという自己言及的な性格を孕んでいるのである。この自己言及的性格は、最も抽象的なレベルにおいても、あるいはそこにおいてこそ顕著なかたちで、現われてくる。

合理性の概念は自分自身を仮定しなければならない。それ自身、合理的に構築されねばならないのである。しかし一方、例えば暖かさの概念は暖かくはありえない。エネルギーの概念が、エネルギッシュに構築され、取り扱われねばならないというわけではない。……したがって合理性は、概念の自己言及を表す概念なのではないだろうか。(Luhmann [1984:640])

(30) ここで言及したどの論者も合理性の成立を、全体社会の統合はいかにして可能になるかという問いへの回答として提起している。現状においては欠如している合理性＝統合をいかにして実現しうるのか、というわけだ。一方ルーマンはその統合の問題に関して、われわれが合理性に関して述べたのと同様の結論を導き出しているのである。

古典的な統合概念から見れば、現代社会は統合されていない（desintegriert）ものとして記述されざるをえないだろう……。一方ここで提案された概念形成からは、逆の診断が導き出される。現代社会は過度に統合されており、それによって脅かされているのである。（Luhmann［1997a:618］）

（31）　ここで、区別の一項を他項へと媒介する「否定」と、媒介抜きに両項を直接貼り合わせる「衝突」ないし「棄却」を区別しておこう。ルーマン自身の議論に即していえば、後者は「一般化と再帰化の組み合わせから生じる無規定的な否定」に相当する。この点については、Luhmann［1981b:35-49］および馬場［1995:96-98］を参照。
　あるいは次のようなかたちで否定と棄却とを区別することもできる。各々のコードは、他のすべてのコードとの関係において棄却値を実現する。しかしこれは、ウェーバー的な意味での価値コンフリクトに至るわけではない。他の形式（他の区別）が、棄却されるだけのことである。この事態は、否定のみを用いる二値論理学によっては捉えられない。この点で、新旧のヨーロッパのゼマンティークは時代遅れになってしまっている、と（Luhmann［1997a:751］）。

（32）　最悪の場合、棄却は何の社会的影響力ももたないというかたちで、すなわち単に無視されるという結果として、生じるかもしれない。しかしそれもまた影響力の一形態である。少なくとも本書冒頭で述べたように、無視されるという事態に対してシステム内部から、さらなる作動を接続していくことは可能なのである。

（33）　ルーマンが晩年の一連の著作のタイトルを「経済と社会」（Wirtschaft und Gesellschaft）、「法と社会」（Recht und Gesellschaft）などではなく、「社会の経済」（Die Wirtschaft der Gesellschaft）、「社会の法」（Das Recht der Gesellschaft）などとしたのも、この理由からだろう。全体社会「と」法は、通常の意味での「と」（第一の「と」）によって分割＝結合されうるような、ふたつの自己同一物ではないのである。

（34）　再び法を例とする論述を引いておこう。

われわれは、理念の世界に関する言明を回避する。価値、規範、あるいはケルゼンのいう《当為》といった、経験的なものに言及することのないレベルに関しては、われわれは言明を避ける。法の彼方に位置する《法の理念》といったものは存在しないのである（少なくとも、社会学者にとっては）。あるいはまた（社会学者にとっては）、《超法規的な法》といった観念も存在しない。その観念によれば、実務的な法秩序を超える固有の妥当のレベルというものが存在しているのであり、それによってこそ法がそもそも法であるか否かが確かめられる、ということになるのだが。われわれから見れば、法を確かめるのは法自身である。法自身がこの確認作業をおこなわないとしたら、もはやそれをおこないうるものは存在しない。(Luhmann[1993a: 31-32])

(35)　エスノメソドロジーや（社会学的）構築主義では、しばしばこの種の錯誤が登場してきているように思われる。馬場［2001b］を参照。

結語

(1)　さらに指摘しておくならば、「あらゆる投企が失敗する」という投企が失敗するということからは、「クレタ人のパラドックス」が生じてくるわけではない。というのは「失敗」は、否定ではなく棄却を意味するからである。否定の否定は出発点を、つまり肯定を意味するが、棄却を棄却したからといって、もとの地点に帰ってこれるという保証はない。馬場［1995:96-98］を参照。とはいえ、「棄却の棄却」が成功の保証となるわけではないとしても、そこにある種の希望を見いだすことは可能である。「社会学はどうにもならないだろう」という一見悲観的な結論を「希望」に変換するのは、自己言及的観察である。「どうにもならない」という結論自体が、学システム（あるいは、全体社会）のなかのトリヴィアルな一部からの発言にすぎないのであって、そういってみたところで何も起きはしないだろう（Luhmann［1988d:344］）、というように。

(2)　この解釈からすれば社会学的啓蒙であるルー

マン理論は、理性によっては批判・統御しえない伝統の力を強調し、啓蒙にブレーキをかけようとする保守主義に他ならないということになる。しかしルーマンはその種の「反啓蒙」（Gegenauf-klärung）を次のように批判しているのである。イデオロギー保守陣営が反啓蒙で満足するのは、安定化戦略（反対者の存在によって自己を安定化する）のひとつのヴァリアントである、と(Luhmann [1987f:194])。

（3）　カッシーラーは次のように論じている。一八世紀の啓蒙主義はふつう、極端な知性主義として理解されている。すなわち、その分析は主として観念や理論的認識の領域に向けられており、感情生活は無視されていた、と。しかしこれは誤った見解である。むしろ一八世紀は、一七世紀の心理学に見られるような感情の否定的評価を克服したのである。もはや感情は単なる障害ではなく、精神のあらゆる機能の根元的で不可欠の推進力であると見なされるようになった。理性の限界の確定もまた、理性啓蒙のプログラムの一部なのである。例えばヒュームの認識批判的な懐疑主義は、その典型である。そこでは理性は「低級な」機能を統御するどころか、それらにまったく従属していることが示されているのである（Cassirer［1932＝1997:127–129］)。

（4）　われわれが第一章で「端緒」に関して主張したのは、踏みとどまる「べき」ところについての問いへと進むのを踏みとどまれ、ということであった。社会学的啓蒙は、踏みとどまること一般を、つまり固有値を形成すること自体を、批判しているわけではない。

あとがき

ブラームスはブルッフのヴァイオリン協奏曲（1番か2番かは不明）を聴いて、こういったそうだ。「こんなのでいいなら、私は一〇年前に書いている」。筆者も本書を読み返してみて、自分自身に向かってそういいたくなった。いやむしろ、一〇年前のほうがずっといいものを書けたのではないか。事実、そのころルーマンを読みながら考えていたあれこれのことを、いまではあらかた忘れてしまったような気がする。しかしやはりそれでよかったのかもしれないとも思う（というか、そう思うしかないわけだが）。忘れてしまったことは結局のところ大して重要でなかったのだろう。それでも忘れるのを忘れて頭のなかに残っていた論点を拾い上げてまとめた本書を、エッセンスと見るか残り滓と見るかは、むろん読者のご自由である。筆者としては本書で提示した視角を踏まえて、残された論点（メディア論、社会進化論など）についてあらためて論じることをめざしつつ、今後もルーマンを読み続けていこうと考えている。

いかにも拙い本書であるが、なんとかかたちにすることができたのは勁草書房編集部の徳田慎一郎氏のおかげである。同氏の適切なアドバイスと励ましがなければ、頭の片隅に引っかかっていたアイデアすらも流れて消えていたかもしれない。心よりお礼申し上げる。

二〇〇〇年一二月

馬場靖雄

索引

あ 行

か 行

さ　行

た　行

な　行

は　行

ま　行

や　行

ら　行

文　献

邦訳は筆者が参照したもののみあげた。

Adorno, Theodor W.（1955）*Prismen*＝(1996) 渡辺祐邦／他訳『プリズメン』、筑摩書房

安彦一恵／他（編）（1999）『戦争責任と「われわれ」』、ナカニシヤ出版

Alexander, Jeffrey C.（1998）*Neofunctionalism and After*, Blackwell

Althusser, Louis（1966）“Sur le‘Contract social’”, *Cahiers pour L'analyse* 8＝(1974) 西川長夫／他訳「ルソーの『社会契約』について」、『政治と歴史』、紀伊國屋書店

———（1970）“Idéologie et appareils idéologiques d'Etat”, *La Pensée*, n.151＝(1993) 柳内隆訳「イデオロギーと国家のイデオロギー装置」、『アルチュセールの〈イデオロギー〉論』、三交社

———（1973）*Réponse à John Lewis*, Maspero＝(1974) 西川長夫訳『歴史・階級・人間』、福村出版

———（1994）*Sur la philosophie*, Gallimard＝(1995) 今村仁司訳『哲学について』、筑摩書房

Althusser, Louis / Balibar, Etienne（1965）*Lire le capital,* Maspero＝(1974) 権寧／他訳『資本論を読む』、合同出版

Anderson, Benedict（1983）*Imagined Communities*, Verso＝(1987) 白石隆／他訳『想像の共同体』、リブロポート

Angus, Ian（2000）（*Dis*）*figurations*, Verso

青井秀夫（1977）「ニクラス・ルーマンの『機能的システム理論』について」、岡田与好／他（編）『社会科学と諸思想の展開』、創文社

Aries, Philippe（1977）*L'homme devant la mort*, Seuil＝(1990) 成瀬駒男訳『死を前にした人間』、みすず書房

Arnaud, André-Jean（1998）“Some Challenges to Law Through Post-Modern Thought”, *Rechtstheorie*, Beiheft 19

Arrighi, Giovanni / Hopkins, Terence K. / Wallerstein, Immanuel (1989) *Antisystemic Movements*, Verso＝(1992) 太田仁樹訳『反システム運動』、大村書店

浅田彰 (1992)『ヘルメスの音楽』、筑摩書房

——— (1994)『「歴史の終わり」と世紀末の世界』、小学館

Austin, John L. (1962) *How to Do Things with Words*, Oxford University Press＝(1978) 坂本百大訳『言語と行為』、大修館書店

馬場靖雄 (1986)「歴史化されたシステム理論」、『ソシオロジ』97

——— (1990)「批判としてのメディア論」、土方透 (編)『ルーマン／来るべき知』、勁草書房

——— (1993)「ルーマンと自己組織性」、佐藤慶幸／他 (編)『危機と再生の社会理論』、マルジュ社

——— (1995)「法と政治の『外部』」、『長崎大学教養部創立30周年記念論文集』

——— (1997)「書評　村中知子著『ルーマン理論の可能性』」、『社会学評論』47‐4

——— (2001a)「ふたつの批判、ふたつの『社会』」、馬場靖雄 (編)『反＝理論のアクチュアリティー』、ナカニシヤ出版

——— (2001b)「構成と現実／構成という現実」、中河伸俊 (編)『社会構築主義のスペクトラム』、ナカニシヤ出版

Baraldi, Claudio / Corsi, Giancarlo / Esposito, Elena (1998) *GLU: Glossar zu Niklas Luhmanns Theorie sozialer Systeme*, Suhrkamp

Balibar, Etienne/ Wallerstein, Immanuel (1990) *Race, nation, class*, Editions La Dêcouverte＝(1997) 若森章孝／他訳『人種・国民・階級』、大村書店

Bateson, Gregory (1972) *Steps to the Ecology of Mind*, Haper & Row＝(1990) 佐藤良明訳『精神の生態学』、思索社

——— (1979) *Mind and Nature*, E.P.Dutton＝ (1982) 佐藤良明訳『精神と自然』、思索社

Bauman, Zygmunt (1991) "A Sociological Theory of Postmodernity", *Thesis Eleven* 29

Beck, Ulrich (1994) "The Reinvention of Politics", Beck, Urlich / Gid-

dens, Anthony / Lash, Scott (1994) *Reflexive Modernization*, Polity Press＝(1997) 松尾精文／他訳「政治の再創造」、『再帰的近代化』、而立書房

——— (2000) "Risk Society Revisited", Adam, Barbara / Beck, Urlich / Loon, Joost Van (eds.), *The Risk Society and Beyond*, Sage

Bendel, Klaus (1993) "Funktionale Differenzierung und gesellschaftliche Rationalität", *Zeitschrift für Soziologie*, 22-4

Brock, Ditmar / Junge, Matthias (1995) "Die Theorie gesellschaftlicher Modernisierung und das Problem gesellschaftlicher Integration", *Zeitschrift für Soziologie*, 24-3

Buxton, William J. (1997) "A Book Review on H. U. Gumbrecht / K.L. Pfeiffer (eds.) Materialities of Communication", *Philosophy of the Social Sciences* 27-2

Cassirer, Ernst (1932) *Die Philosophie der Aufklärung*, J. C. B. Mohr＝(1997) 中野好之訳『啓蒙主義の哲学』、紀伊國屋書店

Cornell, Drucilla (1995) "Time, Deconstruction, and the Challenge to Legal Positivism", Leonard, Jerry (ed.), *Legal Studies as Cultural Studies*, State University of New York Press

de Berg, Henk/ Prangel, Matthias (Hrsg.), (1995) *Differenzen. Systemtheorie zwischen Dekonstrukution und Konstruktivismus*, Francke

——— (1997) *Systemtheorie und Hermeneutik*, Francke

Derrida, Jacques (1991) *Gesetzeskraft*, Suhrkamp＝(2000) 堅田研一訳『法の力』、法政大学出版局

Dupuy, Jean-Pierre (1988) "On the Supposed Closure of Normative Systems", Teubner, Gunther (ed.), *Autopoietic Law*, Walter de Gruyter

——— (1990) 大澤善信訳「共同体と共有知」、土方透（編）『ルーマン／来るべき知』、勁草書房

Foerster, Heinz von (1994) *Wissen und Gewissen*, Suhrkamp

France, Anatole (1912) *Les Dieux ont soif*, Calmann-Lévy＝(1977) 大塚幸男訳『神々は渇く』、岩波書店

Galanter, Marc (1998) "Private Litigation and Tabacco Control in the United States"＝(2000) 澤敬子／他訳「アメリカたばこ訴訟の展開」、

棚瀬孝雄（編）『たばこ訴訟の法社会学』、世界思想社

Giddens, Anthony (1992) *The Transformation of Intimacy*, Polity Press＝(1995) 松尾精文／他訳『親密性の変容』、而立書房

Giddens, Anthony / Pierson, Christopher (1998) *Conversations with Anthony Giddens*, Polity Press

Gierke, Otto (1954) *Das deutsche Genossenschaft*, Akademische Druck- und Verlaganstalt＝(1985) 坂本仁作訳『中世の政治理論』、ミネルヴァ書房

Goethe, Johann Wolfgang von (1809) *Die Wahlverwandtschaften*＝(1997) 柴田翔訳『親和力』、講談社

Habermas, Jürgen / Luhmann, Niklas (1971) *Theorie der Gesellschaft oder Sozialtechnologie*, Suhrkamp＝(1987) 佐藤嘉一／他訳『批判理論と社会システム理論』、木鐸社

Haferkamp, Hans / Schmid, Michael (1987) "Einleitung", Haferkamp, Hans / Schmid, Michael (Hrsg.), *Sinn, Kommunikation und soziale Differenzierung*, Suhrkamp

Hart, Herbert L. A. (1961) *The Concept of Law*, Oxford at the Clarendon Press＝(1976) 矢崎光圀訳『法の概念』、みすず書房

———— (1983) *Essays in Jurisprudence and Philosophy*, Oxford University Press＝(1990) 矢崎光圀／他訳『法学・哲学論集』、みすず書房

橋爪大三郎（1985）『言語ゲームと社会理論』、勁草書房

Hayles, Katherine (1995) "Making Cut", *Cultural Critique*, Spring 1995, The University of Chicago Press

Hellmann, Kai-Uwe (1996) *Systemtheorie und neue soziale Bewegungen*, Westdeutscher

Henrich, Dieter (1982) *Fluchtlinien*, Suhrkamp＝(1987) 藤澤賢一郎訳『現代哲学の遠近法』、岩波書店

土方透編（1990）『ルーマン／来るべき知』、勁草書房

Holstein, James A. / Miller, Gale (eds.) (1993) *Reconsidering Social Constructionism*, Aldine de Gruyter

Hofstadter, Douglas R. (1979) *Gödel, Escher, Bach*, Basic Books＝(1985) 野崎昭弘／他訳『ゲーデル、エッシャー、バッハ』、白揚社

Husserl, Edmund (1954a) "Die Krisis der europäischen Wissenschaft und die transzendentale Phänomenologie", *Husserliana* VI, Martinus Nijhoff＝(1995) 細谷恒夫／他訳『ヨーロッパ諸学の危機と超越論的現象学』、中央公論社
――――― (1954b) "Die Krisis des europäischen Menschentums und die Philosophie", *Husserliana* VI＝(1999) 鈴木修一訳「ヨーロッパ的人間性の危機と哲学」、清水多吉／他編訳『30年代の危機と哲学』、平凡社
今田高俊 (2000)「自己組織性論」、鈴木広（監修)『理論社会学の現在』、ミネルヴァ書房
石戸教嗣 (2000)『ルーマンの教育システム論』、恒星社厚生閣
岩井克人 (1998)『貨幣論』、筑摩書房
Jessop, Bob (1990) *State Theory,* Polity Press
梶田孝道 (1996)「『移植されたイスラム』の行方」、山内昌之（編)『「イスラム原理主義」とは何か』、岩波書店
姜尚中 (1994)「世界システムのなかの民族とエスニシティ」、『岩波講座社会科学の方法XI　グローバル・ネットワーク』、岩波書店
柄谷行人編 (1991)『現代日本の批評　昭和篇［下］』、福武書店
樫村愛子 (1998)『ラカン派社会学入門』、世織書房
河上倫逸編 (1991)『社会システム論と法の歴史と現在』、未來社
河本英夫 (1995)『オートポイエーシス』、青土社
Kelsen, Hans (1934) *Reine Rechtlehre*＝(1935) 横田喜三郎訳『純粋法学』、岩波書店
Kneer, George (1992) "Bestanderhaltung und Reflexion", Krawietz, Werner / Welker, Michael (Hrsg.), *Kritik der Theorie sozialer Systeme*, Suhrkamp
Kneer, George / Nassehi, Armin (1993) *Niklas Luhmanns Theorie sozialer Systeme*, Wilhelm Fink＝(1995) 舘野受男／他訳『ルーマン社会システム理論』、新泉社
Krause, Detlef (1999) *Luhmann-Lexikon* 2.Aufl., Enke
Lacan, Jacques (1966) *Ecrits*, Seuil＝(1982) 宮本忠雄／他訳『エクリⅠ』、弘文堂
Laclau, Ernesto / Mouffe, Chantal (1985) *Hegemony and Socialist Strat-*

egy, Verso＝(1992) 山崎カオル／他訳『ポスト・マルクス主義と政治』、大村書店

Lipp, Wolfgang (1987) "Autopoiesis biologisch, Autopoiesis soziologisch", *Kölner Zeitschrift für Soziologie und Sozialpsychologie* 39

Lohmann, Georg (1987) "Autopoiesis und die Unmöglichkeit von Sinnverlust", Haferkamp, Hans / Schmid, Michael (Hrsg.), *Sinn, Kommunikation und soziale Differenzierung*, Surkamp

Luhmann, Niklas (1958) "Der Funktionsbegriff in der Verwaltungswissenschaft", Verwaltungsarchiv 49

——— (1968) *Zweckbegriff und Systemrationalität*, Suhrkamp＝(1990) 馬場靖雄／他訳『目的概念とシステム合理性』、勁草書房

——— (1969) *Legitimation durch Verfahren*, Suhrkamp＝(1990) 今井弘道訳『手続を通しての正統化』、風行社

——— (1970) *Soziologische Aufklärung*, Westdeutscher

——— (1971) *Politische Plannung*, Westdeutscher

——— (1972) *Rechtssoziologie*, Rowohlt Taschenbuch＝(1977) 村上淳一／他訳『法社会学』、岩波書店

——— (1975a) *Macht*, Enke＝(1986) 長岡克行訳『権力』、勁草書房

——— (1975b) *Soziologische Aufklärung* 2, Westdeutscher

——— (1975c) "Komplexität", *Soziologische Aufklärung* 2, Westdeutscher＝(1986) 西阪仰訳「複雑性」、『社会システムと時間論』、新泉社

——— (1978) "Soziologie der Moral", Luhmann, N. / Pfürtner, S. H. (Hrsg.), *Theorietechnik und Moral*, Suhrkamp

——— (1980) *Gesellschaftsstruktur und Semantik* Bd.1, Suhrkamp

——— (1981a) *Ausdifferenzierung des Rechts*, Suhrkamp

——— (1981b) *Soziologische Aufklärung* 3, Westdeutscher

——— (1981c) *Politische Theorie in Wohlfahrtsstaat*, Olzog

——— (1981d) *Gesellschaftsstrulktur und Semantik* Bd.2, Suhrkamp

——— (1983) *Liebe als Passion*, Suhrkamp

——— (1984) *Soziale Systeme*, Suhrkamp

——— (1985) "Zum Begriff der Soziale Klasse", Luhmann, Niklas (Hrsg.), *Soziale Differenzierung*, Westdeutscher

——— (1986a) *Ökologische Kommunikation*, Westdeutscher

——— (1986b) "Systeme verstehen Systeme", Luhmann, Niklas / Schorr, Karl Eberhard (Hrsg.), *Zwischen Intransparenz und Verstehen*, Suhrkamp

——— (1986c) "Die Lebenswelt—nach Rücksprache mit Phänomenologen", *Archiv für Rechts- und Sozialphilosophie*, vol.LXXII

——— (1986d) *Die soziologische Beobachtung des Rechts*, Alfred Metzner

——— (1987a) *Funktion der Religion*, Suhrkamp

——— (1987b) *Soziologische Aufklärung* 4, Westdeutscher

——— (1987c) *Archimedes und wir*, Merve Verlag

——— (1987d) "Autopoiesis als soziologischer Begriff", Haferkamp, Hans / Schmid, Michael (Hrsg.), *Sinn, Kommunikation und soziale Differenzierung*, Surkamp = (1993) 馬場靖雄訳「社会学的概念としてのオートポイエーシス」、『現代思想』vol.127-10、青土社

——— (1987e) "Die gesellschaftliche Verantwortung der Soziologie", Rudder, Helmut de / Sachner, Heinz (Hrsg.), *Wissenschaft und gesellschaftliche Verantwortung*, Berlin Verlag

——— (1987f) "Tautologie und Paradoxie in der modernen Gesellschaft", *Zeitschrift für Soziologie*, 16-3

——— (1988a) *Die Wirtschaft der Gesellschaft*, Suhrkamp = (1991) 春日淳一訳『社会の経済』、文眞堂

——— (1988b) "Warum AGIL?", *Kölner Zeitschrift für Soziologie und Sozialpsychologie*, 40

——— (1988c) "The Unity of the Legal System", Teubner, Gunther (ed.), *Autopoietic Law*, Walter de Gruyter

——— (1988d) "Closure and Openness", Teubner, Gunther (ed.), *Autopoietic Law*, Walter de Gruyter

——— (1989) *Gesellschaftsstruktur und Semantik* Bd.3, Suhrkamp

——— (1990a) *Die Wissenschaft der Gesellschaft*, Suhrkamp

——— (1990b) *Soziologische Aufklärung* 5, Westdeutscher

——— (1990c) *Essays on Self-reference*, Columbia University Press

——— (1990d) *Paradigm lost*, Suhrkamp

——— (1991a) "Am Ende der kritischen Soziologie", *Zeitschrift für Soziologie*, 20-12

——— (1991b) "The Third Question" = (1991) 馬場靖雄訳「第三の問い」、河上倫逸（編）『社会システム論と法の歴史と現在』、未來社

——— (1992a) *Beobachtungen der Moderne*, Westdeutscher

——— (1992b) *Gibt es in unsere Gesellschaft noch unverzichtbare Normen?*, C.F. Müller

——— (1993a) *Das Recht der Gesellschaft*, Suhrkamp

——— (1993b) "Zeichen als Form", Dirk Baecker (Hrsg.), *Probleme der Form*, Suhrkamp

——— (1995a) *Soziologische Aufklärung* 6, Westdeutscher

——— (1995b) *Gesellschaftsstruktur und Semantik* Bd.4, Suhrkamp

——— (1995c) "Dekonstruktion als Beobachtung zweiter Ordnung", de Berg, Henk / Prangel, Matthias (Hrsg.) (1995) *Differenzen. Systemtheorie zwischen Dekonstrukution und Konstruktivismus*, Francke

——— (1995d) "Why Does Society Describe Itself as Postmodern?", *Cultural Critique*, Spring 1995

——— (1996a) *Die Realität der Massenmedien*, Westdeutscher

——— (1996b) *Protest*, Suhrkamp

——— (1996c) *Die neuzeitliche Wissenschaften und die Phänomenologie*, Picus Verlag

——— (1997a) *Die Gesellschaft der Gesellschaft*, Suhrkamp

——— (1997b) "Die Autonomie der Kunst", Institute für soziale Gegenwartfragen, Freiburg i. Br. / Kunstraum Wien (Hrsg.), *Art & Language & Luhmann*, Passagen Verlag

——— (1998) "Der Staat des politischen Systems", Beck, Ulrich (Hrsg.), *Perspektiven der Weltgesellschaft*, Suhrkamp

——— (2000a) *Organisation und Entscheidung*, Westdeutscher

——— (2000b) *Die Politik der Gesellschaft*, Suhrkamp

Luhmann, Niklas / Fuchs, Peter (1989) *Reden und Schweigen*, Suhrkamp

Marx, Karl (1844) "Zur Kritik der Hegelschen Rechtsphilosophie. Einleitung"＝(1974) 城塚登訳『ユダヤ人問題によせて／ヘーゲル法哲学批判序説』、岩波書店

Melucci, Alberto (1989) *Nomads of the Present*, Temple University Press ＝(1997) 山之内靖／他訳『現在に生きる遊牧民』、岩波書店

Miller, Max (1987) "Selbstreferenz und Differenzierung", Haferkamp, Hans / Schmid, Michael (Hrsg.), Sinn, *Kommunikation und soziale Differenzierung*, Suhrkamp

見田宗介 (1996)『現代社会の理論』、岩波書店

Morin, Edgar (1990) *Introduction à la pensée complexe*, ESF editeur＝(1993) 古田幸男／他訳『複雑性とはなにか』、国文社

Münch, Richard (1996) *Risikopolitik*, Suhrkamp

村上淳一 (1990)『ドイツ現代法の基層』、東京大学出版会

中河伸俊 (1999)『社会問題の社会学』、世界思想社

中野昌宏 (1997)「自己と貨幣における『せき立て』の機能」、『ソシオロゴス』21

中野敏男 (1988)「法秩序形成の社会学とその批判的潜在力」、『思想』767

宮台真司 (1994)『制服少女たちの選択』、講談社

西原和久 (1998)「制度の生成」、西原和久／他 (編)『現象学的社会学は何を問うのか』、勁草書房

西阪仰 (1987)「普遍語用論の周縁」、藤原保信／他 (編)『ハーバーマスと現代』、新評論

Nonet, Philippe / Selznick, Philip (1978) *Law and Society in Transition*, Harper & Row＝(1981) 六本佳平訳『法と社会の変動理論』、岩波書店

Obermeier, Otto-Peter (1988) *Zweck-Funktion-System*, Karl Alber

小畑清剛 (1991)『言語行為としての判決』、昭和堂

荻野昌弘 (2000)「社会学における文化の位置」、『ソシオロジ』45-1

小野耕二 (1983)「〈法と政治システム〉解説」、ニクラス・ルーマン (土方昭監修)『システム理論のパラダイム転換』、御茶の水書房

大澤真幸 (1991)『資本主義のパラドックス』、新曜社

――― (1992)『行為の代数学』、青土社

――― (1994)『意味と他者性』、勁草書房

――――（1996）「ネーションとエスニシティ」、井上俊／他（編）『岩波講座　現代社会学24　民族・国家・エスニシティ』、岩波書店

Parsons, Talcott（1951）*The Social System*, Free Press＝（1974）佐藤勉訳『社会体系論』、青木書店

Pascal, Blaise（1897）*Pensées*＝（1966）前田陽一／他訳「パンセ」、『世界の名著24』、中央公論社

Papastergiadis, Nikos（1997）"Tracing Hybridity in Theory", Werbner, Pnina / Modood, Tariq（eds.）, *Debating Cultural Hybridity*, Zed Books

Perry, Ben Edwin（1952）*Aesopica*, The University of Illinois Press＝（1999）中務哲郎訳『イソップ寓話集』、岩波書店

Popper, Karl R.（1950）*Open Society and its Enemies*, Princeton University Press＝（1980）内田詔夫／他訳『開かれた社会とその敵』第一部、未來社

Reisinger, Marc（1991）*Lacan l'insondable*, Delagrange＝（1994）中山道規／他訳『ラカン現象』、青土社

佐伯啓思（1995）『現代社会論』、講談社

佐藤勉／他（1993）「訳者あとがき」、ルーマン『社会システム理論(上)』、恒星社厚生閣

Schmid, Michael（1987）"Autopoiesis und Soziales System", Haferkamp, Hans / Schmid, Michael（Hrsg.）, *Sinn, Kommunikation und soziale Differenzierung*, Surkamp

Schmitt, Carl（1926）*Die geistesgechichtliche Lage des heutigen Parlamentarismus*, Duncker & Humblot＝（2000）稲葉素之訳『現代議会主義の精神的地位』、みすず書房

Serres, Michel（1980）*Le parasite*, Éditions Grasset et Fasquelle＝（1987）及川馥／他訳『パラジット』、法政大学出版局

Spencer-Brown, George（1969）*Laws of Form*, George Allen & Unwin＝（1987）大澤真幸／他訳『形式の法則』、朝日出版社

下條信輔（1996）『サブリミナル・マインド』、中央公論社

清水博（1992）『生命と場所』、NTT 出版

新宮一成（1989）『無意識の病理学』、金剛出版

Sloterdijk, Peter (1983) *Kritik der zinischen Vernunft*＝(1996) 高田珠樹訳『シニカル理性批判』、ミネルヴァ書房

Stone, Christopher (1972) "Should Trees Have Standing?", *Southen California Law Review* 45＝(1990) 岡嵜修／他訳「樹木の当事者適格」、『現代思想』18-11、青土社

絓秀実 (1994)『「超」言葉狩り宣言』、太田出版

田中浩 (1992)『カール・シュミット』、未来社

Taylor, Charles et al. (1992) *Multiculturalism*, Princeton University Press＝(1996) 佐々木毅／他訳『マルチカルチュラリズム』、岩波書店

千葉眞 (1995)『ラディカル・デモクラシーの地平』、新評論

Teubner, Gunther (1984) "Verrechtlichung――Begriffe, Merkmale, Grenzen, Ausweg", Kubler (Hrsg.), *Verrechtlichung von Wirtschaft, Arbeit und sozialer Solidrität*, Baden-Baden＝(1990) 樫沢秀木訳「法化――概念、特徴、限界、回避策」、『九大法学』59号

――― (1987) "Hyperzyklus in Recht und Organisation", Haferkamp, Hans / Schmid, Michael (Hrsg.), *Sinn, Kommunikation und soziale Differenzierung*, Surkamp

――― (1989) *Recht als autopoietisches System*, Suhrkamp＝(1994) 土方透／他訳『オートポイエーシス・システムとしての法』、未来社

宇城輝人 (1993)「国家のイデオロギー装置について」、『ソシオロジ』116

Wittgenstein, Ludwig (1953) *Philosophische Untersuchungen*, Basil Blackwell＝(1976) 藤本隆志訳「哲学探究」、『ウィトゲンシュタイン全集 8』、大修館書店

――― (1969) *Über Gewißheit*, Basil Blackwell＝(1975) 黒田亘／他訳「確実性の問題」、『ウィトゲンシュタイン全集 9』、大修館書店

Wolfe, Cary (1995) "In Search of Post-Humanist Theory: The Second-Order Cybernetics of Maturana and Varela", *Cultural Critique*, Spring 1995

山口節郎 (1982)『社会と意味』、勁草書房

山田富秋 (1996)「アイデンティティ管理のエスノメソドロジー」、栗原彬(編)『講座差別の社会学 1　差別の社会理論』、弘文堂

吉田秀和 (1975)『吉田秀和全集 2』、白水社

Žižek, Slavoj (1989) *The Sublime Object of Ideology*, Verso
——— (1991) *For they know not what they do*, Verso
——— (1992) *Looking Awry*, MIT Press
——— (1996) *The Indivisible Remainder*, Verso＝(1997) 松浦俊輔訳『仮想化しきれない残余』、青土社
——— (ed.) (1988) *Tout ce cue vous avez toujours voulu savoir sur Lacan sans jamais oser le demander à Hitchcock*, Navarin Editeur ＝(1993) 露崎俊和訳『ヒッチコックによるラカン』、トレヴィル

著者略歴

1957年　新潟県に生まれる
1988年　京都大学大学院文学研究科博士課程単位取得退学
現　在　大東文化大学経済学部教授
著　書　『ルーマン／来るべき知』（共著，勁草書房，1990年）
　　　　『反＝理論のアクチュアリティー』（編著，ナカニシヤ出版，2001年）ほか
論　文　「正義の門前」『長崎大学教養部紀要』37-2（1996年）
　　　　「『社会学的啓蒙』の諸相」『ソシオロゴス』22（1998年）ほか
翻　訳　N. ルーマン『近代の観察』（訳，法政大学出版局，2003年）
　　　　N. ルーマン『社会の法 1・2』（共訳，法政大学出版局，2003年）
　　　　N. ルーマン『社会の芸術』（訳，法政大学出版局，2004年）
E-mail：ybaba@ic.daito.ac.jp

ルーマンの社会理論

2001年6月5日　第1版第1刷発行
2010年2月10日　第1版第6刷発行

著　者　馬《ば》場《ば》靖《やす》雄《お》

発行者　井　村　寿　人

発行所　株式会社　勁《けい》草《そう》書　房

112-0005　東京都文京区水道2-1-1　振替　00150-2-175253
（編集）電話　03-3815-5277／FAX　03-3814-6968
（営業）電話　03-3814-6861／FAX　03-3814-6854
港北出版印刷・鈴木製本

ISBN978-4-326-65255-6　Printed in Japan